SO LEBT DER MENSCH

FAMILIEN AUS ALLER WELT ZEIGEN, WAS SIE HABEN

Ein Projekt von Peter Menzel

Herausgeber: Peter-Matthias Gaede
Redaktion und Koordination: Sabine Wuensch
Gestaltung: „Schwarz auf Weiss" — Susanna Donau
Übersetzung: Hans J. Becker
Lektorat: Heike Buhrmann, Sabine Wuensch
Dokumentation: Christian Gargerle
Schlußredaktion: Gisèle Bandilla
Druck: Phoenix Offset, Hongkong
4. Auflage 1998
ISBN: 3-570-19063-3
© Deutsche Ausgabe: GEO im Verlag Gruner + Jahr AG & Co., Hamburg
Originalausgabe: Material World. A global family portrait
© Sierra Club Books, 1994
© Fotografie: Material World, 1994
Bildredaktion: Sandra Eisert
Gestaltung: Big Fish Books, San Francisco

INHALT

Die 30 Stationen einer Reise zur Weltfamilie   4

Von der Sensation des Normalen   7

Peter-Matthias Gaede

Sechs Milliarden und kein Ende   9

Reiner Klingholz

Zum Konzept   11

Peter Menzel

AFRIKA

Mali: Relikt einer großen Zeit   14
Südafrika: Start in eine bessere Zukunft   22
Äthiopien: Kampf ums Überleben   28

DIE FERNSEHER DER WELT   36

ASIEN

Mongolei: Gebremste Hoffnungen   40
Japan: Nation im Umbruch   48
China: Ein Fünftel der Menschheit   56
Indien: Subkontinent in Nöten   64
Bhutan: Legendäres Shangri-La   72
Thailand: Fortschritt um jeden Preis   80
Vietnam: Ein Land auf dem Sprung   88
Usbekistan: Nun herrscht wieder Allah   96

LATEINAMERIKA UND KARIBIK

Mexiko: Abstieg eines Aufsteigers   106
Guatemala: Die Waffen schweigen   114
Kuba: Ende eines Experiments?   122
Haiti: Im Herzen der Finsternis   128
Argentinien: Versuch eines Comebacks   136
Brasilien: Gigant am Amazonas   142

NORDAMERIKA

USA: Die ratlose Weltmacht   152

OZEANIEN

Westsamoa: Zwischen einst und jetzt   162

DIE SPEISEN DER WELT   168

EUROPA

Island: Feuer und Fisch   172
Deutschland: Einigkeit macht schwach   180
Rußland: Der wankende Koloß   186
Albanien: Ende der Isolation   192
Italien: Das erfolgreiche Paradox   198
Spanien: Die Schäden des Booms   204
Großbritannien: Erben verlorener Größe   210
Bosnien-Herzegowina: Jeder gegen jeden   216

DIE TOILETTEN DER WELT   224

NAHER OSTEN

Irak: In Acht und Bann   228
Kuwait: Krösus am Golf   236
Israel: Endlich Frieden?   242

Anhang

Die Länder auf einen Blick   248
Quellen/Bildnachweis   250
Biographien der Mitarbeiter   251
Danksagungen   252
In den Familienfotos nicht gezeigter Besitz   253

Nachwort   255

Peter Menzel

DIE 30 STATIONEN EINER REISE ZUR WELTFAMILIE

1 Albanien, bei Burrel: Seite 192
2 Argentinien, Salta: Seite 136
3 Äthiopien, Moulu: Seite 28
4 Bhutan, Shingkhey: Seite 72
5 Bosnien-Herzegowina, Sarajevo: Seite 216
6 Brasilien, São Paulo: Seite 142
7 China, Shiping, Yunnnan: Seite 56
8 Deutschland, Köln: Seite 180
9 Großbritannien, Godalming: Seite 210
10 Guatemala, San Antonio de Palopó: Seite 114
11 Haiti, Maissade: Seite 128
12 Indien, Ahraura, Uttar Pradesch: Seite 64
13 Irak, Bagdad: Seite 228
14 Island, Hafnarfjördur: Seite 172
15 Israel, Tel Aviv: Seite 242

16 Italien, Pienza: Seite 198
17 Japan, Tokyo: Seite 48
18 Kuba, Havana: Seite 122
19 Kuwait, Kuwait City: Seite 236
20 Mali, Kouakourou: Seite 14

21 Mexiko, Guadalajara: Seite 106
22 Mongolei, Ulaanbaatar: Seite 40
23 Rußland, Susdal: Seite 186
24 Spanien, Segovia: Seite 204
25 Südafrika, Soweto: Seite 22

26 Thailand, Ban Muang Wa: Seite 80
27 USA, Pearland, Texas: Seite 152
28 Usbekistan, Taschkent: Seite 96
29 Vietnam, Viet Doan: Seite 88
30 Westsamoa, Poutasi: Seite 162

SATELITENBILD-MONTAGE: 1990 TOM VAN SANT AND THE GEOSPHERE PROJECT

SHINGKEY, BHUTAN
FOTO: PETER MENZEL

Von der Sensation des Normalen

Peter-Matthias Gaede

Die Bauernfamilie Calabay Sicay aus Guatemala, ein Ehepaar mit drei Kindern, hat sich noch nie im Leben mehr als 50 Kilometer von ihrem 29-Quadratmeter-Zuhause entfernt. Ihr größter Schatz ist ein Radio. Ihr größter Wunsch ein Küchentisch, und damit er in Erfüllung gehe, arbeiten die Eltern 60 Stunden und mehr in der Woche.

Die Abdullahs in Kuwait, eine siebenköpfige Familie, haben Radios, Fernseh- und Videogeräte, Computer und Autos drei- und vierfach. Nur zuwenig Zeit für Ferien.

Die Familie Demirović in Sarajevo, oft tagelang in der Wohnung eingesperrt, weil draußen die Heckenschützen lauern, probt das Überleben mit 40 Mark im Monat, und manchmal ist das größte Problem, nicht zu erfrieren.

Die Salehs in Bagdad konzentrieren ihre Zukunftshoffnungen auf ein Ende des Embargos, die de Frutos im spanischen Segovia auf einen Zweitwagen mit Vierradantrieb und auf neue Schuhe. Sind das Nachrichten? Und gehen sie uns etwas an?

Diese Fragen hat sich eines Tages auch Peter Menzel, ein in Kalifornien lebender Fotograf, gestellt — und sie bejaht.

Über zwei Jahrzehnte lang hatte Menzel aus mehr als 50 Ländern dieser Erde berichtet. Auch für GEO. Und meist über Hunger und Krieg und Naturkatastrophen. Menzel, der Journalist, hatte getan, was Journalisten tun: sich den News, den Besonderheiten, den Auffälligkeiten, den Abweichungen von der Norm gewidmet.

Also der Wirklichkeit? Nein, fand Menzel; oder eben: nicht der ganzen. Und er beschloß, die Welt jenseits der Extreme einem „reality check" zu unterziehen, eine Reise hinter das Spektakuläre, das Schlagzeilenträchtige zu unternehmen — und sei es nur, um seinen Kindern, wie er schreibt, die Chance zu geben, „ihre künftigen Welt-Nachbarn zu treffen".

Wer sich in dieses Buch vertieft, wird also etwas aufspüren, was Journalisten gewöhnlich nicht für beschreibenswert halten: die Sensation der Normalität.

Peter Menzel, sein ebenfalls für GEO arbeitender Kollege Peter Ginter und 14 weitere Fotografen sind aufgebrochen zu einer Inventur aus dem „Global Village". Zu einer viele Monate dauernden Erkundungstour durch 30 Länder, zu einer Bilanz von Haben und Nichthaben der Weltfamilie. Jeweils eine Woche lebten sie bei den Sicays und Abdullahs, den Nguyens und den Kalnazarows; bei Familien, die den soziodemographischen Durchschnitt ihres jeweiligen Landes verkörpern oder ihm doch sehr nahekommen — und die gerade deshalb soviel erzählen; mehr vermutlich als die meisten Medienüberschriften aus Guatemala oder Kuwait oder Vietnam oder Usbekistan.

Denn die großen Fragestellungen für das 21. Jahrhundert, die Positionen im Nord-Süd-Dialog, die Abschlußprotokolle der Weltbevölkerungskonferenzen mögen wir ganz gut kennen — aber kennen wir auch die Menschen, über deren Lebensläufe und Hoffnungen, über deren Träume und Alpträume verhandelt wird?

Es ist das Verdienst dieses Buches, zumindest sein Angebot, uns diese Menschen näherzubringen. In einer vergleichenden Studie ohne die Trockenstarre papierener Analyse. Mit einer Expedition, die in Island dieselben Fragen stellt wie in China. Und vor allem: die eine Antwort so ernst nimmt wie die andere. So ist ein Portrait der „Material World" entstanden, das uns den Blick in die Küchen und Schlafstätten der Welt gewährt — und in viel mehr als das: in die Köpfe und Gedanken jener Milliarden Menschen, die weder in den Rinnsteinen leben noch in der Nähe der Paläste. Jener Milliarden, denen der nicht gerecht wird, der ganze Kontinente und ihre Bewohner mit Klischees abfertigt.

Seit, vor rund drei Jahrzehnten, die Erde erstmals aus dem Weltall fotografiert wurde, haben wir ein plastisches Gefühl für ihre natürlichen Grenzen, für diese *eine* Welt. Dieses Bild ist nicht komplett, solange es aus der Totalen kommt. Jetzt sehen wir auf Gesichter, auf Stolz und Zufriedenheit, Ermüdung, Überdruß und Neugier, und wir haben die wichtigere Nahaufnahme.

Aber ist es denn *eine* Welt? „So lebt der Mensch" führt vor Augen, wie nahe sich die über fünf Milliarden Menschen auf diesem Planeten gekommen sind; und wie fern sie noch immer voneinander leben. Daß die Bügeleisen zwischen Soweto und Köln sich kaum unterscheiden, daß das beste Tee- oder Kaffeegeschirr in der Jurte der Batsuurys in Ulaanbaatar denselben Platz im Schrank hat wie bei den Pellegrinis in Pienza und daß die Skeens in Texas vor dem Fernseher sitzen wie die Costas in Kuba, und womöglich wegen derselben Football-Übertragung, das sagt etwas über identische Prioritäten und Bedürfnisse, über die Geschwindigkeit und die Macht der globalen Bilder- und Warenströme und nicht zuletzt über einen Konsens der Geschmäcker.

Andererseits: Da ist das zerschossene Wohnzimmer der Demirovićs in Sarajevo, und wären Menzel und Ginter in den Sudan gegangen, nach Tschetschenien oder Sri Lanka, sie hätten, wie wir wissen, viele Demirovićs finden können. Und die Cakonis? Sie leben eine Flugstunde von Italien entfernt, in Albanien. Zu sechst auf 48 Quadratmetern, ohne Wasseranschluß, Stunden von der Schule und dem Markt entfernt. Die Eltern arbeiten über 80 Stunden in der Woche, die Kinder helfen mit. Und eines Tages, so glauben die Cakonis, werden sie auswandern.

Wohin? Können fast sechs Milliarden Menschen alles haben, was sie wollen? Wer sich in dieses Buch vertieft, muß daran zweifeln. Aber wer dieses Buch studiert, wird auch spüren: Es gibt keinen Grund, kein Recht und keine Moral auf der Welt, den Natomos in Mali oder den Lagavales auf Westsamoa vorzuenthalten, was wir uns selbst nicht verbieten: die Suche nach einem besseren Leben.

SECHS MILLIARDEN UND KEIN ENDE

Reiner Klingholz

Beim ersten, flüchtigen Überblättern befriedigen die Familienportraits in diesem Buch alle gängigen Klischees: Die Menschen in Mali sind arm, leben in Lehmhäusern und haben viele Kinder. US-Amerikaner sind bibelfeste Patrioten, Briten haben rote Haare und Sommersprossen, und die typische deutsche Zwei-Kind-Familie ist bestens versorgt mit Konsumgütern, macht sich dafür aber um so mehr Gedanken um die Umwelt.

Erst ein zweiter Blick auf die intimen Dokumente des Alltags, aber auch das Studium von Texten und Tabellen, die den Leser wie ein Magnet in das Leben der Familien hineinziehen, offenbaren das eigentliche Ziel des Buches. Es zeigt nicht nur, *wie* der Mensch in den verschiedensten Ländern und Kulturen lebt, sondern auch *wieviel* er sich vom großen Kuchen der endlichen Ressourcen nimmt und *welche Folgen* das für den ganzen Planeten hat.

So farbenfroh, einladend und einträchtig die globale Familie sich von der Mongolei bis Argentinien präsentiert, die 30 Einzelfamilien mit ihren insgesamt 101 Kindern weisen eindrücklich darauf hin, daß es langsam eng wird auf der Erde. Mit ihren mittlerweile 5,8 Milliarden Bewohnern gilt sie längst als übervölkert. Experten gehen davon aus, daß die Menschheit sich schon vor rund fünfzig Jahren — damals gerade 2,5 Milliarden Häupter stark — von dem Prinzip des nachhaltigen Wirtschaftens verabschiedet hat. Seither hinterläßt jede Generation ihren Nachkommen eine jeweils ärmere Welt — mit weniger tropischem Regenwald, weniger Trinkwasserreserven und weniger nutzbarem Ackerland; dafür aber mit mehr Schadstoffen in den Weltmeeren, mehr klimaschädigenden Spurengasen in der Atmosphäre, mehr strahlenden Nuklearabfällen. Reserven schwinden, und Senken, die natürlichen Kreisläufe zum Abbau von Abfällen, werden überlastet. An all diesen Parametern gemessen, ist die

Tragfähigkeit der Erde überschritten, leben zu viele Menschen auf ihr.

Und mit atemraubender Geschwindigkeit verbreitet sich die erfolgreichste Spezies aller Zeiten weiter über den Globus. Verstrichen einst noch 400 000 Jahre, bis der Homo sapiens die erste Milliardenhürde nahm, so vergehen mittlerweile nur noch ein Dutzend Jahre, und wir müssen den Planeten mit einer Milliarde neuer Nachbarn teilen. Schon in wenigen Jahrzehnten könnte bei anhaltendem Wachstum eine Weltbevölkerung von zehn Milliarden Menschen erreicht sein.

Übervölkerung ist allerdings eine relative Größe. Sie hat weniger damit zu tun, wie viele Menschen auf einer bestimmten Fläche leben, als vielmehr damit, wie sie dort leben. Ob sie die Savanne, in der ihre Herden grasen, übernutzen und den Wald, der ihnen Feuerholz und Früchte liefert, niederbrennen. Ob sie den Boden erodieren lassen oder begrenzte Reserven plündern. Nicht nur angesichts ungleicher Kinderzahlen, sondern auch ungleicher Besitzverhältnisse und Konsumgewohnheiten rund um den Globus stellt sich deshalb die Frage, wer denn mehr zur Übervölkerung der Erde beiträgt — etwa die Menschen aus Mali, einem der vielen armen afrikanischen Länder mit sehr hoher Geburtenrate, wo die Frauen im Mittel 7,1 Kinder bekommen; oder die Spanier, neben den Italienern die vermehrungsmüdeste Nation der Erde. Nur noch 1,4 Kinder bringt eine Durchschnittsspanierin zur Welt, ein Trend, der schon bald zu einer dramatischen Bevölkerungs-„Implosion" auf der Iberischen Halbinsel führen wird. Es ist kein Zufall, daß die Fotografen bei ihrer Recherche in Mali auf die elfköpfige Großfamilie der Natomos stießen und in Spanien auf die Kleinstfamilie der de Frutos, völlig zufrieden mit nur einem Kind. Trotzdem sind es überraschenderweise die Spanier, die durch ihren Besitzstand — vom Mikrowellengerät bis zum Automobil — mehr zum ökologischen Niedergang der Erde beitragen als die Familie aus Mali, die ihre kleine Welt mit dem Fahrrad erschließt.

Für die notorische Kindermüdigkeit, die nach der Industrialisierung in allen entwickelten Staaten eingezogen ist, gibt es vier wesentliche Gründe:

Erstens wurden Kinder, die früher als billige Arbeitskräfte willkommen waren und gebraucht wurden, durch Maschinen ersetzt. Sie gingen statt dessen zur Schule und begannen Geld zu kosten.

Zweitens wich der uralte Generationenvertrag — „Du erbst meinen Hof, dafür versorgst du mich im Alter" — der gesetzlichen, vom Staat regulierten Altersversicherung.

Drittens änderte sich die soziale Rolle der Frau. Wo immer Frauen lesen und schreiben lernten, mehr Rechte und Chancen bekamen und Berufe fanden, die sie von einem Versorger unabhängig machten, sank die Bereitschaft, ausschließlich die Rolle der Mutter am Herd zu spielen.

Und viertens drängte die „Konkurrenz der Genüsse" den Kinderwunsch in den Hintergrund. Wo die aufwendige und anstrengende Nachwuchspflege mit dem vergleichsweise billigen Surfbrett oder der Fernreise konkurriert, entscheiden sich immer mehr Paare für das leichtere Leben — und gegen die Großfamilie.

Das Ende des Bevölkerungswachstums in den Industriestaaten ist demnach teuer erkauft. Das reiche Viertel der Weltbevölkerung kann sich eine Konkurrenz der Genüsse nur erlauben, weil es seine Umwelt nach allen Regeln der Technik und über jedes verträgliche Maß ausbeutet, ökologisch auf Pump lebt und damit wesentlich übervölkerter ist als Ruanda oder Bangladesch, Mali oder Indien, jene Länder, die gewöhnlich als Schreckensbild für die Bevölkerungsexplosion herhalten müssen. Die Reichen der Welt konsumieren zwei Drittel der globalen Energie und produzieren pro Kopf zehnmal soviel Müll wie die Armen. Nur sie verfügen über jene Technologien, die globalen Schaden anrichten — von Kraftwerkparks über millionenstarke Automobilflotten bis zu einer hochtechnisierten Landwirtschaft. Nahezu alle länderübergreifenden Umweltprobleme haben ihre Ursache nicht im Bevölkerungswachstum des Südens, sondern in der Konsumexplosion des Nordens: Ozonloch, Treibhauseffekt, Artenschwund, Meeresverschmutzung und mehr. Es sei so weit gekommen, meint der amerikanische Evolutionsforscher Edward O. Wilson, daß der Mensch sich von einer biologischen Größe zu einer „geophysikalischen Kraft" entwickelt habe, die mittlerweile sogar die Erdatmosphäre manipuliert.

Ein Lebensstandard wie etwa in Deutschland ist überhaupt nur möglich, weil große Mengen an Rohstoffen importiert und noch größere Mengen an Abfällen in jedem Aggregatzustand via Atmosphäre, Land und Wasser exportiert werden. Die Deutschen verlagern damit ihre eigene Übervölkerung über die eigenen Grenzen hinaus, zu Lasten anderer Länder. Ähnliches — mit anderen Mitteln — haben die Europäer in den vergangenen Jahrhunderten getan, als ein Drittel der Bevölkerung in die Neue Welt auswandern mußte, weil die Menschen in der alten Heimat nicht hätten überleben können.

Es gibt einen einfachen Parameter, nach dem die Übervölkerung eines Landes sich quantifizieren läßt: den Ausstoß des Treibhausgases Kohlendioxid, das beim Verbrennen fossiler Energieträger frei wird, also bei allen industriellen Prozessen, bei der Fortbewegung mit Auto, Bahn oder Flugzeug, beim Heizen der Wohnung und immer dann, wenn Konsumgüter produziert werden. Nach Berechnungen der Klimaforscher dürfte jeder Erdenbürger im Mittel jährlich etwas mehr als zwei Tonnen Kohlendioxid verursachen, ohne daß die atmosphärischen Kreisläufe aus dem Gleichgewicht gerieten.

Ein Deutscher trägt zur Zeit mit durchschnittlich zwölf Tonnen Kohlendioxid zur Klimaveränderung bei, ein US-Amerikaner sogar mit 20 Tonnen. Deutschland wäre nach dieser Definition also sechsmal zu dicht besiedelt. Es dürften — angesichts hiesiger Ansprüche — zwischen Aachen und Görlitz nicht 81, sondern nur 13 Millionen Menschen leben. Die Deutschen müßten demnach entweder ihre Bevölkerungszahl um den Faktor sechs reduzieren oder sechsmal bescheidener leben. Da beide Varianten wenig realistisch erscheinen, bleibt im wesentlichen eine dritte Möglichkeit: Sie müßten lernen, mit den Ressourcen sechsmal so intelligent, sechsmal so effizient umzugehen.

Demgegenüber liegen die Entwicklungsländer — zum Teil weit — unter dem Pro-Kopf-Limit von gut zwei Tonnen Kohlendioxid. Ein Bewohner von Mali oder Bhutan ist verantwortlich für weniger als 100, ein Inder für nur 800 Kilogramm Kohlendioxid, und selbst das boomende Schwellenland China kommt derzeit erst auf einen Pro-Kopf-Ausstoß, der gerade noch im Bereich des Erlaubten liegt. Ein typischer Dritte-Welt-Bürger verbraucht so gut wie keine endlichen Ressourcen. Landarbeit ist Handarbeit, die wichtigsten Hilfsmittel sind Zugtiere, und die fressen Gras, also gebundene Solarenergie. Der Normalverbraucher in einem Entwicklungsland ißt das, was auf den Feldern in der Nähe wächst — auch er lebt von Sonnenkraft und schadstoffarm, vergleichbar mit einem Solarmobil. Ein erzwungenermaßen karges Dasein, das aber erstaunlich umweltverträglich ist.

Das soll keinesfalls heißen, daß Länder wie Haiti, Mali und Indien nicht auch übervölkert wären. Der immer stärker werdende Bevölkerungsdruck in diesen Nationen beschränkt die ohnehin begrenzte medizinische Versorgung, ermöglicht immer weniger Jugendlichen eine ordentliche Ausbildung und verringert die Zahl jener, die auf einen Arbeitsplatz hoffen können. Kurz, das Wachstum raubt den Ländern fast jede Entwicklungsmöglichkeit und treibt sie ins Chaos wie in Ruanda, Afghanistan oder Somalia — alles Nationen mit extrem hohen Geburtenraten. Diese verursachen damit allerdings nur lokale, beziehungsweise nationale Probleme, während die übervölkerten Industrienationen Schäden in globalem Ausmaß anrichten.

Welch gefährlichen Weg die Industrienationen mit ihrer Konsumexplosion eingeschlagen haben, beweist dieses Buch auf mannigfache Weise. Es zeigt nicht nur, daß die Menschen immer mehr werden, sondern auch, daß sie — für die meisten durchaus nachvollziehbar — immer mehr wollen. Und daß die Lebensweise der Reichen dieser Welt, so ökologisch verheerend sie sein mag, zum Modell für den ganzen Globus geworden ist. Nicht nur Europäer und US-Amerikaner, auch die Abdullahs aus Kuwait, denen es an nichts mangelt und die schon vier Limousinen vor ihrem Haus parken, wünschen sich ein höheres Einkommen. Die de Goes aus Brasilien hätten gern einen besseren Wagen, ein besseres Haus und eine bessere Stereoanlage, und auch die Kalnazarows in Usbekistan träumen den Standardtraum des Homo sapiens von Auto, TV und Video.

Schlechte Aussichten für die Zukunft der großen Familie Mensch? So lange jedenfalls, wie kein verlockenderes Ideal als das Materielle den Punkt bestimmt, auf den — fast — aller Leben ausgerichtet ist. Es gibt wenige Menschen in diesem Buch, die zu dieser Bescheidenheit in der Lage wären. Zum Beispiel der 29jährige Vicente Calabay Pérez, Bauer und Vater von drei Kindern im Bergland von Guatemala. Sein sehnlichster Wunsch: am Leben zu bleiben.

Zum Konzept

Peter Menzel

Ein Projekt mit Hindernissen: Auf dem Weg ins indische Familienleben. Foto: Peter Ginter

Mit Hilfe der Uno und der Weltbank haben wir herauszufinden versucht, was in einem bestimmten Land eine Durchschnittsfamilie ist; aufgeschlüsselt nach Wohnort (städtisch, ländlich, Vorstadt, Kleinstadt, Dorf), Art der Unterkunft, Größe der Familie, Jahreseinkommen, Beruf und Religionszugehörigkeit.

Aus den Nationen, die zur Zeit Mitglied der Uno sind, wurden 30 Länder ausgewählt, die auch nach unserer Überzeugung einen repräsentativen Querschnitt der Weltfamilie bieten. Dabei haben wir unser Hauptaugenmerk auf folgendes gerichtet:

- Länder mit raschem Wirtschaftswachstum in den pazifischen Randzonen,
- Länder in den Schlagzeilen,
- Länder, die sich zum Standardvergleich besonders eignen,
- Länder, von denen wir lernen können.

Unsere Familien fanden wir mit Hilfe vieler Experten und auf manchmal ungewöhnlichen Wegen. Meist aber besuchten wir einfach für das Land typische Regionen oder Wohnviertel und sprachen mit Menschen, die sich dort gut auskannten. Mit ihnen zusammen haben wir dann an die Türen geklopft und nach Familien gesucht, die in den vorgegebenen statistischen Rahmen paßten, zur Mitarbeit bereit waren und an einem Ort wohnten, der sich gut als Hintergrund für das Familienfoto eignete. Das war noch relativ unproblematisch. Um einiges kniffliger erwies es sich aber, den gesamten materiellen Besitz von 30 Familien ins Freie zu schleppen und ihn für dieses Foto aufzubauen.

Wenn eine Familie ausgesucht worden war, zog der Fotograf eine Woche lang zu ihr oder ganz in ihre Nähe. Während dieser Zeit sammelten wir anhand einer Liste mit festgelegten Fragen Angaben über die Familie, um ihr tägliches Leben beschreiben und mit der Lebenssituation anderer vergleichen zu können.

Zusätzlich zum mittelformatigen Familienfoto und den 35-Millimeter-Fotos aus dem Alltag hat jeder Fotograf pro Familie im Durchschnitt noch für vier Stunden Material auf HI-8-Video festgehalten.

Mein besonderer Dank gilt allen Familien, die den Mut, die Offenheit und die Ausdauer hatten, an diesem Buch mitzuarbeiten und ihren Alltag mit der Welt zu teilen. Damit wir einander besser verstehen lernen.

JUNGEN AM UFER DES NIGER,
KOUAKOUROU, MALI
FOTO: PETER MENZEL

Mali

Relikt einer großen Zeit
Kouakourou, Mali

Familie Natomo

Fotos: Peter Menzel

PERSONEN AUF DEM FOTO

1. Soumana Natomo, 39, Vater
2. Pama Kondo, 28, erste Frau
3. Fatouma Niangani Toure, 26, zweite Frau

Kinder der ersten Frau:
4. Pai Natomo, 11, Tochter
5. Kontie Natomo, 9, Sohn
6. Mama Natomo, 6, Sohn
7. Mamadou Natomo, 3, Sohn
   Tata Natomo, 13, Tochter, (nicht auf dem Foto)

Kinder der zweiten Frau:
8. Toure Natomo, 5, Tochter
9. Fatoumata Natomo, 3, Tochter
10. Mama Natomo, 1, Sohn
11. Cia Niento (mit dem Bruder des Vaters verheiratet)

DER BESITZ DER FAMILIE

Auf dem Dach, von links nach rechts:
- Mörser und Stößel (3)
- Getreidesiebe (2)
- Stab für rituelle Handlungen (am vorderen Rand des Daches)
- Muskete (nicht funktionstüchtig)
- Moskitonetz (über dem Bett)
- Fahrrad
- Beschädigter Topf
- Korb mit Kleidungsstücken
- Waschwannen (5)
- Beschädigter Rindenkorb mit Lumpen und Stoffetzen
- Kochtopf mit Kelle
- Wasserkanister (2)
- Wasserkessel (2)
- Gießkannen (2, eine beschädigt)
- Keramiktöpfe (5)
- Rechteckige Ziegelform mit Ziegelstein
- Radio/Kassettenrecorder
- Decke (zusammengefaltet, zwischen Vater und erster Frau)
- Kochtopf mit Reisbrei
- Hölzerner Gewürzbehälter
- Landwirtschaftliches Gerät

Hauswand und offene Küche:
- Fischernetz
- Holzgestell zum Wäschetrocknen (mit Tuch auch als Sonnenschutz)
- Kochstelle
- Großes Tongefäß mit Wasser

A

FAMILIE NATOMO

Familienmitglieder
7 (im ersten Haus, mit Vater)
4 (im zweiten Haus)

Größe der Wohnung
Erstes Haus: 50 m²
Zweites Haus: 42 m²

Arbeitszeit pro Woche
112 Std. (Vater)
112 Std. (Beide Mütter –
ausschließlich im Haushalt)

Zahl der
Radios: 1, Telefone: 0,
Fernsehgeräte: 0, Videorecorder: 0,
Fahrräder: 1, Autos: 0

Der wertvollste Besitz
Fahrrad (für Vater)

Sehnlichster Wunsch
Bewässerungsanlage, Motorrad,
Zaun für den Garten

Frauen stampfen in großen Mörsern Getreide zu Mehl (A). Da gerade Ramadan ist, der islamische Fastenmonat, arbeiten die Menschen langsamer als gewöhnlich, um Kraft zu sparen. Einige Männer nutzen die Gelegenheit, stundenlang aufgeputzt herumzuflanieren (B). Am Markttag kauft Soumana Natomo im Dorf Kouakourou in großen Mengen Reis ein, um ihn später weiterzuverkaufen. Nachdem er mit den Verkäuferinnen um den Preis gefeilscht hat, ersteht er zwei Säcke (C). Er wird sie in dem Haus einlagern, in dem er mit seiner ersten Frau Pama wohnt. Die zweite Frau, Fatouma, ist zwei Jahre jünger als Pama und wohnt in einer kleinen Wohnung, etwa 80 Meter vom Haupthaus entfernt. Auch die Familie Natomo macht sich gern fein. In der Ramadanzeit wird gewöhnlich das Kleidungsbudget für das ganze Jahr ausgegeben. Ein Grund: Wenn der Fastentag nach Sonnenuntergang endet, feiert ganz Kouakourou jeden Abend ein Fest. Ramadan ist auch der traditionelle Monat für Hochzeiten (D).

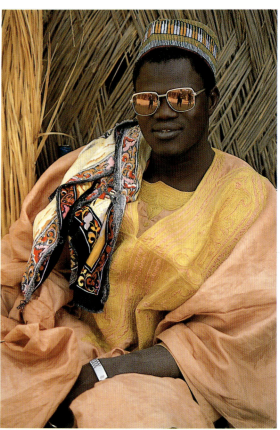

B

C

D

AUF EINEN BLICK
Fläche
1 248 574 km²
Einwohnerzahl
8,8 Millionen
Bevölkerungsdichte
7,1 Menschen pro km²
Kinderzahl pro Frau
7,1
Die Bevölkerung verdoppelt sich
in 23 Jahren
Anteil der städtischen/ländlichen Bevölkerung
26%/74%
Lebenserwartung
Frauen: 58,2 Jahre
Männer: 54,7 Jahre
Säuglingssterblichkeit
159 pro 1000 Geburten
Auf einen Arzt kommen
20 000 Menschen
Anteil der Analphabeten
Frauen: 76%, Männer 59%
Bruttosozialprodukt pro Kopf
300 US-$
Rang auf der Entwicklungsliste der Uno
167

A

B

Die Erwachsenen und die Kinder der beiden Natomo-Haushalte hocken im schattigen Küchenbereich des Haupthauses und essen gemeinsam Fisch und Reis aus einer Schüssel (A). Weil es während des Ramadan am Tage ruhiger zugeht, gibt der Nachmittag den Frauen Gelegenheit zur Geselligkeit. Pama, die erste Ehefrau, hat Besuch von anderen Frauen bekommen (B). Das heißt nicht, daß Pama sich ausruhen kann. Weil Fatouma ihren einjährigen Sohn Mama noch stillt, muß Pama das Wasser für die ganze Familie vom Brunnen holen (C). An diesem Morgen wird es gebraucht, um die Kinder zu baden (D). Gleich nach dem Bad handelt der dreijährige Mamadou sich eine Rüge ein, weil er seinen Vater stört, der die Übertragung eines Fußballspiels im Radio hören will (E).
Nächste Doppelseite: Wasserbehälter werden auf dem Kopf getragen (A).
Vier Wegstunden von Kouakourou entfernt, liegt die Stadt Djénné, berühmt für ihre große Lehmmoschee, die vor 90 Jahren auf den Grundmauern einer älteren aus dem 13. Jahrhundert gebaut wurde (B).

C

D

E

MALI

Vom 12. bis zum 15. Jahrhundert war Mali ein mächtiges Königreich von sagenhaftem Reichtum. Heute zählt es zu den ärmsten Ländern der Erde. 70 Prozent seiner Fläche sind Wüsten und Halbwüsten, nur 2 Prozent Ackerland und allenfalls 25 Prozent als Weide nutzbar. In den achtziger Jahren des 19. Jahrhunderts begannen die Franzosen Mali zu kolonialisieren und gewährten ihm 1958 beschränkte Autonomie. Allein war das Land jedoch nicht lebensfähig, so kam es 1959 zu einer Föderation mit Senegal und 1961 zur Union Afrikanischer Staaten mit Ghana und Guinea. Die Zusammenschlüsse hatten nicht lange Bestand, und ökonomisch blieb Mali von Frankreich abhängig. 1968 übernahm Moussa Traoré durch einen unblutigen Staatsstreich die Macht. Erst 1991 wurde er gestürzt: Er hatte weder die wirtschaftlichen Probleme, die durch verheerende Dürren in den siebziger und achtziger Jahren verschärft wurden, zu lösen vermocht noch die Spannungen zwischen den fünf Hauptsprachgruppen. Der Krieg, den malische Truppen seit 1990 gegen rebellische Tuareg führen, eskaliert seit Frühjahr 1995 zu einer Vernichtung dieser Volksgruppe. Aus den Wahlen im April 1992 ging Alpha Konaré als Sieger hervor. Auch er hat Malis Probleme bisher nicht in den Griff bekommen. Allerdings verfügt das Land über reiche, noch unerschlossene Erzvorkommen — und eine lebendige Kultur, die für den Tourismus interessant sein könnte.

A

AUS DEM TAGEBUCH DES FOTOGRAFEN
PETER MENZEL

Das südliche Mali wollte ich schon seit langem besuchen, ich hatte von der phantastischen Architektur gehört — von Großstädten, ganz aus Lehm erbaut. Weil Ramadan war, lief nicht alles nach Plan. Statt den Niger auf einer Fähre zu überqueren, mußte ich durch eine Furt fahren, angeführt von Kindern, die vor meinem Wagen her von Sandbank zu Sandbank hüpften. In Kouakourou, wo die Familie Natomo wohnt, bin ich sechs Tage geblieben. Im Labyrinth der engen Gassen ist zu dieser Jahreszeit der Lärmpegel hoch. Geschrei mischt sich mit dem dumpfen Geräusch, das beim Hirsestampfen entsteht. Darüber legen sich Ramadangesänge und das Dröhnen der Trommeln. Und dann kommen auch noch die Transistorradios dazu. Ich war erstaunt, in einem Ort ohne Elektrizität, Autos und geteerte Straßen so viele Männer zu sehen, die sich im Radio Musik oder Fußballreportagen anhörten. So habe ich, wie schon auf Seite 18 erwähnt, einmal erlebt, daß der sonst immer gelassene Soumana fast die Geduld verloren hätte: als der kleine Mamadou ihn während der Radioübertragung eines offenbar wichtigen Fußballspiels störte. Ich würde gern noch einmal nach Mali fahren. Hitze und Staub sind zwar gnadenlos allgegenwärtig, doch es ist ein wunderschönes Land.

B

SÜDAFRIKA

Start in eine bessere Zukunft

Soweto, Südafrika

Familie Qampie

Fotos: Peter Menzel

PERSONEN AUF DEM FOTO

1. Simon Qampie, 48, Vater
2. Poppy Rahab Qampie, 36, Mutter
3. Pearl Qampie, 14, Tochter (wohnt bei einer Tante in einer anderen Township)
4. Irene Qampie, 11, Tochter
5. George, 4, Sohn
6. Mateo, 2, Sohn
7. Leah, Poppys Mutter
8. Anna, 18, Poppys Schwester

DER BESITZ DER FAMILIE

Vor dem Zaun:
- Sessel
- Vorratswagen mit Gemüse
- Gasherd mit Teekesseln (2) und Kochtöpfen (2)
- Kühlschrank
- Bügelbrett mit Bügeleisen
- Küchentisch mit Zuckerdose, Milchkännchen, Tellern, Besteck
- Stühle (4)
- Dreiräder (2)
- Vitrine mit Geschirr
- Zweites Bett (wird von Leah, Anna, Irene und George benutzt)
- Schreibtisch mit Plastikschüssel und Briefkasten
- Tisch mit Tischdecke, Topfpflanze und Aschenbechern (2)
- Stühle (4)

Vor dem Haus von links, im Uhrzeigersinn:
- Doppelbett (wird von den Eltern und Mateo benutzt)
- Frisiertisch mit Vase und Blumen
- Kleiderschränke (2)
- Plastikschüssel (auf dem Kleiderschrank, wird zum Waschen benutzt)
- Anrichte mit Telefon, Fernsehgerät, Keramiktiger, Vase, Stereoanlage
- Schrank mit Wäschekorb aus Plastik

A

B

C

E

D

Die tägliche Fahrt zur Arbeit ist für Simon Qampie nicht ungefährlich. Der Vorortzug ist schon häufig von bewaffneten Banden überfallen worden, die ein Blutbad unter den Pendlern angerichtet haben. Doch ihm bleibt keine Wahl. Das Vorstadtkaufhaus, in dem er als Wachmann arbeitet, ist zu weit entfernt und anders nicht zu erreichen. Poppy Qampie hat es da besser. Sie arbeitet als Bürogehilfin (B) im Zentrum von Johannesburg und erreicht ihre Arbeitsstelle problemlos mit einem Sammeltaxi, einem oft überfüllten Kleinbus. Ihre beiden Söhne sind tagsüber in der Kindertagesstätte (C). Poppy erledigt auch all ihre Einkäufe bei Tage, weil die Geschäfte aus Sicherheitsgründen abends geschlossen haben (D). Glitzerndes Johannesburg bei Nacht: Dann sind Simon und Poppy längst wieder nach Soweto zurückgekehrt (E).

SÜDAFRIKA

AUF EINEN BLICK

Fläche
1 223 201 km^2

Einwohnerzahl
41,7 Millionen

Bevölkerungsdichte
34 Menschen pro km^2

Kinderzahl pro Frau
4,1

Die Bevölkerung verdoppelt sich
in 27 Jahren

Anteil der städtischen/ländlichen Bevölkerung
60,3%/39,7%

Lebenserwartung
Frauen: 68 Jahre
Männer: 62 Jahre

Säuglingssterblichkeit
53 pro 1000 Geburten

Auf einen Arzt kommen
1640 Menschen

Anteil der Analphabeten
Frauen: 24,9%, Männer: 22,2%

Bruttosozialprodukt pro Kopf
2670 US-$

Rang auf der Entwicklungsliste der Uno
93

1652 besiedelten Niederländer das Kapland. Nach dessen Annexion im Jahre 1814 durch die Briten treckten die „Buren" nach Osten und gründeten dort mehrere Republiken. Auch die wurden nach wechselvollen Kriegen und der Entdeckung großer Diamanten- und Goldvorkommen britische Kolonie. 1961 erklärte sich das Dominion zur unabhängigen Republik. Die schwarzafrikanische Mehrheit aber — heute über 75 Prozent der Gesamtbevölkerung — wurde durch rigorose Rassentrennung vom politischen Prozeß ausgeschlossen und partizipierte kaum am wirtschaftlichen Aufschwung. Die ethnischen und sozialen Spannungen, denen das weiße Regime mit polizeistaatlichen Methoden begegnete, verwandelten Afrikas reichsten Staat in ein potentielles Schlachtfeld und isolierten ihn in der Welt. Erst 1991 wurde die Apartheid offiziell abgeschafft, Nelson Mandela 1994 zum ersten schwarzen Staatspräsidenten gewählt. Seither bemüht seine Regierung sich, die nach wie vor disparaten ethnischen und sozialen Gegensätze zu versöhnen.

A

Aus dem Tagebuch des Fotografen
Peter Menzel

Ich bin noch nie an einem Ort gewesen, der Johannesburg nur im entferntesten ähnlich wäre. Es ist eine moderne Großstadt, umringt von Erhebungen wie den Tafelbergen in Arizona. Tatsächlich aber sind es gigantische Schlackenhalden aus dem Goldbergbau. Außerhalb dieser Halden liegen die Townships. Soweto ist die größte und mit über einer Million Einwohnern sogar größer als Johannesburg. Dort regieren Verbrechen und Gewalt. Die Familie Qampie zieht sich deshalb spätestens um acht Uhr abends ins Haus zurück, in dem es bei verriegelten Fenstern und Türen bald unerträglich heiß wird. Ich habe nur eine Nacht schwitzend auf dem Fußboden bei den Qampies verbracht und bin dann lieber ins Hotel nach Johannesburg gezogen. Zur Rush-hour, wenn die schwarzen Arbeiter in Scharen die City verlassen, ist dort die Hölle los. Ich war während der Regenzeit in Soweto, und es schüttete fast jeden Nachmittag, dreimal auch, als wir das Familienfoto fast arrangiert hatten. Die Regengüsse reinigen zwar die Luft, die bedrohliche Atmosphäre aber nicht.

FAMILIE QAMPIE

Familienmitglieder
8 (Tochter Pearl lebt bei ihrer Tante in einer anderen Township)

Größe der Wohnung
37,2 m²

Arbeitszeit pro Woche
40 Std. (Vater)
40 Std. (Mutter – plus Arbeit im Haushalt)

Familie Qampie gibt 34% ihres Einkommens für Lebensmittel aus

Für Miete
0%
(Mietboykott)

Zahl der
Radios: 1, Telefone: 1 (funktioniert nicht), Fernsehgeräte: 1, Videorecorder: 0, Autos: 0

Sehnlichster Wunsch
Computer, Schreibmaschine (Kinder)
Haus, Auto (Erwachsene)

Erwartungen an die Zukunft
„Es wird schlimm" (Vater)

B

C

Auf der Straße spielen Kinder Dame mit Kronenkorken auf einem improvisierten Brett (A). Weil sie in einer gefährlichen Gegend wohnen, hält die Familie Qampie sich für gewöhnlich im Haus oder in der Nähe des Hauses auf. Am Nachmittag hat Großmutter Leah Besuch von ihrer Tochter Anna bekommen (B). In Regina Mundi, Sowetos größter katholischer Kirche, haben die Gläubigen sich zum Gottesdienst versammelt (C). Als die weiße Regierung einst alle politischen Versammlungen verbot, wurde praktisch jede Messe zu einer Kundgebung gegen die Apartheid. Am Wochenende sieht Simon Qampie sich gern im Fernsehen ein Fußballspiel an. Während der Halbzeitpause macht er sich vor dem Haus rasch ein wenig an die Rasenpflege, den zweijährigen Mateo im Schlepptau (D).

D

ÄTHIOPIEN

Kampf ums Überleben
Moulo, Äthiopien

Familie Getu

Fotos: Shawn G. Henry

PERSONEN AUF DEM FOTO

1. Getu Mulleta, 30, Vater
2. Zenebu Tulu, 25, Mutter
3. Teshome Getu, 10, Sohn
4. Like Getu, 8, Tochter
5. Mamoosh Getu, 7, Sohn
6. Mulu Getu, 3, Tochter
7. Kebebe Getu, 8 Monate, Sohn

DER BESITZ DER FAMILIE

Im Vordergrund, von links nach rechts:
- Korb
- Mörser und Stößel
- Bratpfannen (2, eine auf dem Boden beim Haus, nur auf dem kleinen Foto zu sehen)
- Kunststoffbehälter (einer für Kaffeebohnen, einer für Wasser)
- Eiserne Bratbestecke
- Dose mit Salz
- Schüssel und Teller
- Tönerner Kochtopf
- Holzkiste mit Kleidung
- Kürbistopf mit Butter
- Körbe (3)
- Blechdosen (2, dienen als Trinkgefäße)
- Ochsen (2, einer mit Joch)
- Tisch mit Korb, flacher Servierkorb
- Tontopf
- Halfter (für das Pferd)
- Bett
- Korb mit Deckel
- Huhn (eins von insgesamt acht)
- Kaffeeservice
- Teekessel
- Tablett
- Teilweise fertiggestellter Korb
- Tönerner Wasserkrug
- Schaf mit Lamm (nur auf dem kleinen Foto zu sehen)
- Pferd (eines von drei)
- Rinderfell (dient als Decke)
- Regenschirm (hängt am Haus)

Im Hintergrund, von links nach rechts:
- Pferch mit Rindern (5)
- Haus des Bruders
- Kochhaus des Bruders
- Familienhaus
- Haus von Getus Eltern

A

B

C

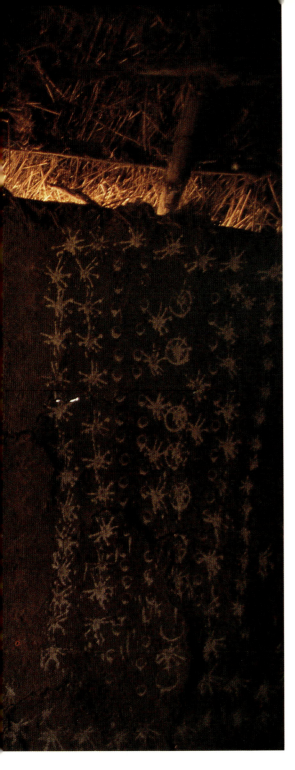

D

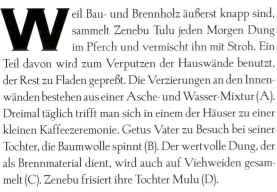

Weil Bau- und Brennholz äußerst knapp sind, sammelt Zenebu Tulu jeden Morgen Dung im Pferch und vermischt ihn mit Stroh. Ein Teil davon wird zum Verputzen der Hauswände benutzt, der Rest zu Fladen gepreßt. Die Verzierungen an den Innenwänden bestehen aus einer Asche- und Wasser-Mixtur (A). Dreimal täglich trifft man sich in einem der Häuser zu einer kleinen Kaffeezeremonie. Getus Vater zu Besuch bei seiner Tochter, die Baumwolle spinnt (B). Der wertvolle Dung, der als Brennmaterial dient, wird auch auf Viehweiden gesammelt (C). Zenebu frisiert ihre Tochter Mulu (D).

FAMILIE GETU

Familienmitglieder
7

Größe der Wohnung
30 m²
(Küche, Zimmer, Vorratskammer)

Arbeitszeit pro Woche
80 Std. (Vater)
126 Std. (Mutter)

Zahl der
Radios: 1 (Batterien leer),
Telefone: 0, Fernsehgeräte: 0,
Autos: 0

Der wertvollste Besitz
Ochsen (für Vater und Mutter)

Sehnlichster Wunsch
Mehr Nutztiere, Kleider
zum Wechseln, besseres Saatgut,
Ackergerät, Frieden im Land
und in der Welt

AUS DEM TAGEBUCH DES FOTOGRAFEN
SHAWN G. HENRY

Wenn man die Familie Getu in ihrer Welt sieht, mag man nicht glauben, daß die europäisch wirkende Hauptstadt Addis Abeba nur zwei Autostunden entfernt liegt. Es gibt hier weder fließendes Wasser noch Gas, noch Elektrizität. Ein Hinweis auf die Existenz urbanen Lebens sind die Hochspannungsleitungen, die von einem Staudamm hinter dem Haus nach Addis Abeba führen. Das wenige, das sie hatten, hat die Großfamilie freundlich mit mir geteilt. Wenigstens dreimal pro Tag hat man mich in eines ihrer Häuser gebeten und mir Kaffee und geröstetes Getreide angeboten. Eines Abends war ich bei Getu und Zenebu zu Gast, als wir draußen jemanden rufen hörten. Ein einsamer Wanderer hatte sein Ziel vor Einbruch der Dunkelheit nicht erreicht und suchte einen Schlafplatz. Getu hieß den „Sonnenuntergangsgast", wie man so jemanden hier nennt, in seinem Haus und an seinem Feuer willkommen. — In der Zeit, als ich bei den Getus war, gab es für die Männer nicht viel auf den Feldern zu tun. Nur ein Verwandter hütete das Vieh der Großfamilie. Für die Frauen allerdings gibt es keine ruhige Jahreszeit. Sie holen Wasser, kochen, säubern die Pferche, formen Dung zu Brennmaterial — und immer essen sie erst nach den Männern, trinken ihren Kaffee, wenn die Männer fertig sind. Wenn ich ausgetrunken hatte, wurde eine der Frauen herbeigerufen, mir Kaffee oder Tee nachzugießen, selbst wenn die Kanne in Griffweite stand. Das war mir immer peinlich. Am stärksten beeindruckt war ich von Getus Botschaft an die Welt. Er, der manchmal Hunger leidet, wünschte sich geradezu leidenschaftlich Frieden für sein Land und die ganze Welt.

A

ÄTHIOPIEN

Äthiopien wird seit mindestens 1,5 Millionen Jahren von Menschen bewohnt. Es ist das einzige Land Afrikas, das (abgesehen von der kurzzeitigen Annexion durch das faschistische Italien 1935 bis 1941) nie unter der Herrschaft einer Kolonialmacht gestanden hat. Das machte Äthiopien früher zu einem Symbol afrikanischer Unabhängigkeit, die Hauptstadt Addis Abeba ist darum auch Sitz der Organisation für die Einheit Afrikas (OAU). In den vergangenen beiden Jahrzehnten ist Äthiopien jedoch zum Symbol für Bürgerkrieg und ökologische Verwüstung in Afrika geworden. Während einer Dürrekatastrophe 1974 war der greise Kaiser Haile Selassie von der Armee gestürzt worden. Sein Nachfolger, der Diktator Oberst Mengistu Haile Mariam, führte jahrelang an mehreren Fronten Krieg: im Osten gegen Somalia; im Landesinnern gegen zahlreiche Rebellen- und Oppositionsgruppen, national-konservative Offiziere, Kirchenmänner, Bauern und Grundbesitzer und im sogenannten „Roten Terror" gegen viele tausend an westlichen Universitäten geschulte Studenten und Intellektuelle. Industrie, Handel und Landwirtschaft wurden zum größten Teil nach sowjetischem Muster verstaatlicht. Diese Politik führte, begleitet von mehreren Dürreperioden, zu einer Hungerkatastrophe, die zwei Millionen Menschenleben forderte. 1991 siegten die Widerstandsbewegungen in Äthiopien und der 1962 annektierten Nordprovinz Eritrea. Mengistu mußte fliehen, Eritrea gewann seine Selbständigkeit zurück und bildete einen unabhängigen Staat. Eine Regierung unter Führung der siegreichen Rebellen aus Tigray bemüht sich seither in Addis Abeba um Ankurbelung der Wirtschaft. Da mehr als drei Viertel der 53 Millionen Äthiopier auf dem Land leben, setzt sie jetzt statt auf unproduktive Kolchosfarmen ganz auf die Bauern, die auf teils winzigen Höfen 95 Prozent der inländischen Nahrungsmittel ernten. Doch das von Kahlschlag, Erosion, Dürre und Überbevölkerung gezeichnete Land kann selbst in guten Tagen nur knapp 90 Prozent seiner Bevölkerung ernähren. Auch die politische Lage ist weiter gespannt. Vier Jahre nach Mengistu ist es im Frühjahr 1995 zwar zu den ersten Parlamentswahlen in dem von fünf Dutzend Ethnien geprägten Land gekommen. Doch die zersplitterte Opposition boykottierte den Urnengang und droht der straff zentralistisch organisierten Regierung unter Meles Zenawi mit bewaffnetem Widerstand — eine beängstigende Aussicht für das völlig verarmte Äthiopien.

B

C

Injara, das äthiopische Fladenbrot, wird stets mit Wat serviert, einer gewürzten Beilage aus Gemüse oder hartgekochten Eiern (A). Nach der Ernte trennt man die Körner von der Spreu. Dazu läßt man Rinder über das auf dem Boden ausgebreitete Getreide trampeln. Anschließend sammeln Frauen das Dreschgut in Körben, werfen es in die Luft und lassen die Spreu vom Wind davontragen (B). Teff, eine heimische Getreideart, wird von den Bauern zweimal im Jahr ausgebracht (C). Um die Felder zu bewässern, muß das Wasser in Eimern vom Brunnen herangeschleppt werden. Für Injara stampfen die Frauen Teff zu Mehl, vermischen es mit Wasser und Gewürzen und backen den Teig auf einer flachen Pfanne über dem Dungfeuer, das in äthiopischen Häusern fast ununterbrochen brennt (D).

D

A

B

AUF EINEN BLICK

Fläche
1 133 882 km²

Einwohnerzahl
53,3 Millionen

Bevölkerungsdichte
47,1 Menschen pro km²

Kinderzahl pro Frau
7

Die Bevölkerung verdoppelt sich
in 19 Jahren

Anteil der städtischen/ländlichen Bevölkerung
13%/87%

Lebenserwartung
Frauen: 48,7 Jahre
Männer: 45,4 Jahre

Säuglingssterblichkeit
122 auf 1000 Geburten

Auf einen Arzt kommen
33 330 Menschen

Anteil der Analphabeten
Frauen: 83,6%, Männer: 67,3%

Rang auf der Entwicklungsliste der Uno
161

Getu Mulleta und Zenebu Tulu sind der Meinung, daß ihre Kinder auf lange Sicht als Bauern keine Überlebenschancen haben. Nach ihrer Überzeugung ist eine gute Ausbildung von allergrößter Bedeutung. Deshalb schmerzt es sie besonders, daß ihre Kinder nicht die örtliche Schule besuchen können. Der Unterricht ist zwar kostenlos, doch für Schulkleidung und Lernmittel müßte die Familie etwa ein Drittel ihres Jahreseinkommens aufwenden. Hinzu kommt, daß der Unterricht in Oromo erteilt wird und nicht in der offiziellen Landessprache Amharisch, die jeder beherrschen muß, der in dem Land etwas erreichen will. So ist es nicht verwunderlich, daß in dieser Region, in der 10 000 Menschen leben, nur 100 Kinder die Dorfschule in Moulo besuchen (A). Stolz präsentiert sich ein Nachbar in der Uniform der einstigen kaiserlichen Polizei (B). Der Geistliche der nahen Burso-Medhane-Alen-Kirche (rechts).

DIE FERNSEHER DER WELT

IRAK

KUWAIT

THAILAND

BRASILIEN

ALBANIEN

JAPAN

GROSSBRITANNIEN

MEXIKO

VIETNAM

SÜDAFRIKA

ITALIEN

SPANIEN

RUSSLAND

MONGOLEI

BOSNIEN

KUWAIT

SIEN

REQUISITEN FÜR EIN ERINNERUNGSFOTO,
ULAANBAATAR, MONGOLEI
FOTO: LEONG KA TAI

MONGOLEI

Gebremste Hoffnungen
Ulaanbaatar, Mongolei

Familie Batsuury

Familienfoto: Leong Ka Tai und Peter Menzel

Fotos: Leong Ka Tai

PERSONEN AUF DEM FOTO

1. Regzen Batsuury, 37, Vater
2. Lhkamsuren Oyuntsetseg, 31, Mutter
3. Khorloo Batsuury, 9, Tochter
4. Batbileg Batsuury, 5, Sohn
5. Oyunjargal, 33, Schwester des Vaters
6. Yeruultzul, 12, deren Tochter
7. Schwester der Mutter mit Ehemann und Sohn, neben ihrer Jurte auf dem Bett sitzend

DER BESITZ DER FAMILIE

Von links, im Uhrzeigersinn:
- Schrank mit Teeservice (2), kleine Buddhastatue
- Auf dem Schrank: Familienfotos (2), Keramikpferde (2), Keramikbuddha
- Zeltgestänge für die Jurte (Unterkunft der Familie)
- Kommode mit Wecker und Schminkspiegel
- Doppelbett mit gewebtem Überwurf und zusätzlicher Bettdecke
- Tisch mit Tomaten, Käse, Teekanne, Glas mit Eingemachtem, Figürchen (2), Limonade (6 Flaschen), Porzellanschalen (6), Topf, Gewürzen und Süßigkeiten (7)
- Elektrische Kochplatten mit Wasserkessel
- Emailleteller (2), an der Wand, mit Wäscheklammern verziert
- Neonleuchte (unter dem Dach der Jurte)
- Geschirrschrank mit Tabletts (2), Teekannen (2), Porzellanfiguren, Konservendosen, Kerzenleuchter
- Handwaschbecken (auf Holzkiste)
- Zweites Doppelbett mit Überwurf
- Fernsehgerät (schwarzweiß) auf Holzkiste mit Räucherstäbchenhalter, Holzbuddha im Glaskasten

Außerhalb der Jurte:
- Schaf
- Jurte und Bett der Familie der Schwester mütterlicherseits
- Kanne, Eimer
- Kühlschrank, Faß, Wanne (nur auf dem kleinen Foto zu sehen)
- Außenabort (links vom Tor)
- Ausrangierte Eisenbahnschwellen und Holz für den geplanten Bau eines massiven Winterhauses (hinter der Hauptjurte und links davon)

A

Vor den Schulstunden bleibt der neunjährigen Khorloo ein bißchen Zeit, um mit ihrer Mutter zu spielen. Sie trägt schon ihre schwarz-weiße Schuluniform. Ihr Bruder Batbileg, der noch nicht zur Schule geht, sieht neidisch zu (A). Die Nachbar-Jurte bewohnt die Schwester von Oyuntsetseg mit ihrer Familie (B). Das Zentrum von Ulaanbaatar besteht aus Plattenbauhäusern, grauen Zeugen sozialistischer Planwirtschaft. Ein weiteres Vermächtnis aus jener Zeit ist die permanent hohe Luftverschmutzung durch riesige Kohlekraftwerke (C, Schornstein und drei Kühltürme im Hintergrund) und die zahllosen kleinen Kohleöfen an der Peripherie der Stadt, wo auch die Familie Batsuury wohnt (D).

MONGOLEI

AUF EINEN BLICK

Fläche
1 566 500 km²

Einwohnerzahl
2,2 Millionen

Bevölkerungsdichte
1,4 Menschen pro km²

Kinderzahl pro Frau
4,6

Die Bevölkerung verdoppelt sich
in 27 Jahren

Anteil der städtischen/ländlichen Bevölkerung
59%/41%

Lebenserwartung
Frauen: 65 Jahre
Männer: 63 Jahre

Säuglingssterblichkeit
60 auf 1000 Geburten

Auf einen Arzt kommen
340 Menschen

Anteil der Analphabeten
Frauen und Männer: 2,1%

Bruttosozialprodukt pro Kopf
900 US-$

Rang auf der Entwicklungsliste der Uno
102

1911 löste sich die riesige „Äußere Mongolei" — viermal so groß wie Deutschland, doch extrem dünn besiedelt — mit russischer Hilfe von China und erklärte sich für unabhängig. Aber schon zehn Jahre später marschierte die Rote Armee ein. 1924 riefen die Kommunisten die „Mongolische Volksrepublik" aus und machten sie zum ersten Satellitenstaat der Sowjetunion. Die angestrebte Industrialisierung blieb indes stecken, und die Mongolen stützen sich weiterhin hauptsächlich auf ihre traditionelle Weidewirtschaft, auf die Zucht von Schafen, Ziegen, Rindern und Pferden. Die Wende in Osteuropa nach 1989 führte auch in der Hauptstadt Ulaanbaatar zum Umsturz. Die kommunistische Partei entsagte ihrer Ideologie, legte sich einen neuen Namen zu — und gewann bei den freien Wahlen im Juni 1992 71 von 76 Parlamentssitzen. Denn die erste Begeisterung für marktwirtschaftliche Reformen ist geschwunden: Trotz der reichen Bodenschätze bleiben westliche Investoren schon wegen der kümmerlichen Infrastruktur aus, die Produktion ist gesunken, die Zahl der Arbeitslosen explodiert und die Not im Lande, auch infolge ungewöhnlich strenger Winter, gewachsen. Die Staatsführung versucht die Mongolen durch Rückbesinnung auf ihre glorreiche Geschichte zu motivieren: Dschingis Khan hatte Anfang des 13. Jahrhunderts die mongolischen Stämme geeint und ein Reich gegründet, das sich auf dem Gipfel seiner Macht vom Schwarzen bis zum Südchinesischen Meer erstreckte. Es ist allerdings zweifelhaft, ob die Mongolei in ihrer geopolitischen Abseitslage aus eigener Kraft vorankommt. Womöglich hilft ihr doch nur eine neuerliche Anlehnung an einen der beiden mächtigen Nachbarn China oder Rußland.

B

C

D

Aus dem Tagebuch des Fotografen
Peter Menzel

In Ulaanbaatar herrschte große Aufregung. Im Staatsmuseum sollte die Asche Buddhas ausgestellt werden, was unter kommunistischer Herrschaft noch unvorstellbar gewesen wäre. Den ganzen Tag lang standen die Menschen, unter ihnen auch die Familie von Regzen Batsuury, geduldig Schlange und warteten darauf, einen Blick auf die Urne zu erhaschen. Mein Kollege Leong Ka Tai und ich waren unsicher bei der Wahl einer Durchschnittsfamilie. Die Bevölkerung der Mongolei besteht aus Stadtbewohnern und Hirten in den weiten Steppengebieten. Mit Hilfe der UN-Experten fanden wir sie dann. Wir sahen uns in den Außenbezirken Ulaanbaatars um, wo Menschen immer noch in Jurten leben, aber in überfüllten Bussen zu ihrer Arbeitsstelle in der Innenstadt fahren. Weil die Jurte für das Nomadenleben transportabel sein muß, war es ein Kinderspiel, für das Familienfoto ein solches Zelthaus auseinanderzunehmen. Für die anschließende Feier schlachtete Regzen Batsuury ein Schaf. Er machte einen kleinen Schnitt in die Bauchdecke, durchstieß das Zwerchfell und klemmte die Aorta ab. Das Tier verendete schmerzlos in Sekunden, ohne daß ein Tropfen des nährreichen Blutes vergossen wurde. Bald stand ein Braten auf dem Feuer. — Vor dem Rückflug nach Peking erhielt unsere Maschine eine halbe Stunde lang keine Starterlaubnis. Schließlich kam ein Mönch mit Gefolge an Bord. Er setzte sich und legte ein Seidenkissen auf seinen Schoß. Darauf stellte man ihm die Urne mit der Asche Buddhas.

A

B

C

D

FAMILIE BATSUURY

Familienmitglieder
6

Größe der Wohnung/Jurte
19 m²

Arbeitszeit pro Woche
50 – 60 Std. (Vater, Lastwagenfahrer,
Gelegenheitsbauarbeiter)
64 Std. (Mutter, 40 Std. auf der
Arbeitsstelle, Rest im Haushalt)

Familie Batsuury gibt 68% ihres
Einkommens für Lebensmittel aus

Zahl der
Radios: 0, Telefone: 0,
Fernsehgeräte: 1, Autos: 0

Der wertvollste Besitz
Fernsehgerät (für Vater)
Buddhastatue, vom Großvater geerbt
(für Mutter)

Sehnlichster Wunsch
Ein festes Haus aus Holz und Zement
mit einem Wellblechdach

Gelegentlich legt Mutter Oyuntsetseg ihren Dienst so, daß sie am Nachmittag zum Friseur gehen kann (A). Sie arbeitet 40 Stunden die Woche im Stadtkrankenhaus, wo sie Medikamente an Patienten ausgibt (B). Wegen ihres Ganztagsjobs teilt sie sich die Hausarbeit mit ihrem Mann. Weil transportable Jurten keine separate Küche haben, legen Oyuntsetseg und Regzen große Arbeitsbretter auf die Betten. Darauf rollen sie den Teig für die Rindfleischklöße aus, an diesem Tag das Hauptgericht der Abendmahlzeit (C). Im Kochherd, der auch als Heizofen dient, facht Regzen Batsuury ein Feuer an (D).
Nächste Doppelseite: Auch darin zeigt sich der Anbruch einer neuen Ära — der ehemalige Schwarzmarkt in Ulaanbaatar hat offiziellen Status erlangt. Trotz eines Schneesturms drängen sich dort an diesem Septembertag Händler und Kunden. Weil alles noch so neu ist, gibt es erst wenige Marktstände. Statt dessen tragen die Händler ihre Waren mit sich herum und hoffen, Käufer zu finden.

JAPAN

Nation im Umbruch
Tokyo, Japan

Familie Ukita

Fotos: Peter Menzel

PERSONEN AUF DEM FOTO

1. Kazuo Ukita, 45, Vater
2. Mio Ukita, 9, Tochter
3. Sayo Ukita, 43, Mutter
4. Maya Ukita, 6, Tochter

DER BESITZ DER FAMILIE

Von links nach rechts, nicht vollständig aufgelistet:

- Garderobenständer (2) mit Rucksäcken, Taschen und Mützen
- Einrad, Bücher, Puppen, verschiedene Spielsachen
- Regale (3) mit Büchern, Puppen
- Schreibtisch mit Stuhl, Stofftier, Puppe
- Auto (Kleinbus)
- Koffer (2, auf dem Auto)
- Kommoden (2) mit Videospielgerät
- Elektrisches Klavier mit Bank und Büchern
- Schuhe (27 Paar, 1 Paar Rollschuhe)
- Tauchermaske, Schnorchel, Schwimmreifen, Kühlbox
- Kühlschrank
- Beistelltisch mit Thermoskanne, Reiskocher, Tomaten
- Nachttisch mit Telefon, Familienfoto
- Fernsehgerät mit Porzellanhenne
- Nachttisch mit Töpfen und Pfannen
- Schrank mit Geschirr, Mikrowellengerät, Grill-Toaster, Flaschen, Pappmaché-Tier (in der Schule gebastelt)
- Bett (hinter dem Schrank)
- Frisierkommode
- Tisch
- Feuerlöscher (an der Wand)
- Hundehütte (auf der Treppe)
- Hund (heißt Izumaru)
- Etagenbett mit Decken, Videokassetten, Spielzeug
- Kleiderständer mit Kostüm und Hut
- Tisch auf Rollen mit Kochutensilien
- Waschmaschine und Wäschetrockner
- Wasch- und Putzmittel (im Korb vor der Waschmaschine)
- Regal mit Badezimmerutensilien
- Skateboards (2)
- Fahrräder (3, hinten rechts)
- Kinderstuhl

A

Für den Haushalt ist die Mutter zuständig. Sayo Ukita steht jeden Morgen eine halbe Stunde vor allen anderen auf (A). Nachdem sie Mann und Kinder geweckt hat, bereitet sie das Frühstück (B, mit Tochter Maya) und hilft den Kindern beim Anziehen. Kazuo fährt eine Stunde mit der Bahn zu seiner Arbeitsstelle bei einem Bücher- und Zeitschriftenvertrieb. Auf dem Bahnsteig wirft er einen ersten Blick in die Zeitung (C, unter der Uhr). Angekommen in der Firma, tauscht er seinen dunkelblauen Anzug gegen Firmenkleidung aus (D). Von seinem anstrengenden Arbeitstag entspannt Kazuo sich bei einer Zigarette und einem Glas Sake. Gelegentlich auch in einer Karaoke-Bar (E).
Nächste Doppelseite: Ein typischer Samstagabend bei Familie Ukita.

B

C

D

E

JAPAN

AUF EINEN BLICK

Fläche
377 750 km²

Einwohnerzahl
124,9 Millionen

Bevölkerungsdichte
330,7 Menschen pro km²

Kinderzahl pro Frau
1,7

Die Bevölkerung verdoppelt sich
in über 100 Jahren

Anteil der städtischen/ländlichen Bevölkerung
77%/23%

Lebenserwartung
Frauen: 82,2 Jahre
Männer: 76,1 Jahre

Säuglingssterblichkeit
5 auf 1000 Geburten

Rang der Säuglingssterblichkeit im Weltvergleich:
niedrigste

Auf einen Arzt kommen
610 Menschen

Bruttosozialprodukt pro Kopf
28 220 US-$

Rang auf der Entwicklungsliste der Uno
3

Ein explodierendes Wirtschaftswachstum hat Japan in nur einem Jahrhundert aus einer abgeschotteten bäuerlichen Gesellschaft in eine Industriegroßmacht verwandelt. Lange schien der ökonomische Erfolg Prosperität und Stabilität zu garantieren — wenn auch um den Preis von Korruption, Umweltverschmutzung und eines erstaunlich niedrigen Lebensstandards. Doch jetzt wankt die „Japan GmbH": Bestechungsskandale und Rezession haben die vielgepriesene Bürokratie ins Wanken gebracht; viele Bürger fordern zudem einen größeren Anteil am Wohlstand. Unter diesem Druck ist die einst alles beherrschende konservative Liberaldemokratische Partei gescheitert — 1991 wurde zum erstenmal seit Kriegsende ein Oppositionspolitiker Ministerpräsident. Erschüttert wurde Japans Selbstbewußtsein im Frühjahr 1995 auch durch zwei Katastrophen: das Erdbeben von Kobe und den Sarin-Giftanschlag auf die Tokyoter U-Bahn. Japan, soviel scheint klar, steht vor einer Zeit des Umbruchs.

A

B

Kinder rennen ausgelassen durch eine Einkaufsstraße, die sich im Wohnviertel der Familie Ukita befindet (A). Auch sie haben selten Gelegenheit, aus der Alltagsroutine auszubrechen, da sie ständig beschäftigt sind. Die neunjährige Mio Ukita zum Beispiel träumt von einer Teilnahme als Schwimmerin an den Olympischen Spielen und fährt deshalb vier- bis fünfmal pro Woche mit dem Fahrrad zu einem Hallenbad, wo sie zwei Stunden lang trainiert (B). Die sechsjährige Maya geht noch in die Vorschule. Ihr bleibt genug Zeit zum Seilhüpfen und zum Spielen mit dem Hund Izumaru (rechts).

FAMILIE UKITA

Familienmitglieder
4

Größe der Wohnung
132 m²

Arbeitszeit pro Woche
40 Std. (Vater)
60 Std. (Mutter, im Haushalt)

Familie Ukita gibt 30% ihres Einkommens für Lebensmittel aus

Zahl der
Radios: 3, Telefone: 1,
Fernsehgeräte: 1, Videorecorder: 1,
Mikrowellengeräte: 1, Computer: 1,
Fahrräder: 3, Autos: 1

Der wertvollste Besitz
Die Familie (für Vater)
Familienandenken: ein Ring
von der Großmutter,
Keramik vom Großvater (für Mutter)

Sehnlichster Wunsch
Größeres Haus und Zweitwohnung
oder Haus (zum Vermieten)

AUS DEM TAGEBUCH DES FOTOGRAFEN
PETER MENZEL

Ich kam gerade von einem Auftrag im australischen Busch, und so war das geschäftige „elektronische" Japan erst einmal ein Schock. Familie Ukita wohnt in Tokyo. Vom Stadtzentrum zu ihrem Haus braucht man mit der Bahn anderthalb Stunden. Ich durfte eine Woche lang bei der Familie wohnen, bei der schon morgens alles wie nach der Stoppuhr abläuft. Kazuo schläft bis zur letzten Sekunde und gönnt sich dann ein seltsames Frühstück: zwei Cola, zwei Zigaretten und eine Multivitamintablette. Punkt 7.28 Uhr verläßt er das Haus. Er kommt genau 45 Sekunden vor seinem stets pünktlich einlaufenden Pendlerzug am Bahnhof an. Nach der Arbeit haben wir zusammen ein paar Karaoke-Bars besucht, ich mit meinen Kameras, er mit seinem Mikrophon zum Mitsingen. — Sayo hat sich durch nichts aus der Ruhe bringen lassen, auch nicht von der neunköpfigen Crew, die ihr Haus für das Familienfoto ausräumte. Abends saßen wir alle erschöpft vor dem Fernseher — ein multikulturelles Ereignis: Über Zweikanalton konnten wir einen Actionfilm sowohl im amerikanischen Original als auch in der Synchronfassung empfangen. Um mich nicht auszuschließen, ließ die Familie beide Tonspuren zugleich laufen — was dazu führte, daß nun überhaupt nichts mehr zu verstehen war.

CHINA

Ein Fünftel der Menschheit

Shiping, Yunnan, China

Familie Wu

Fotos: Leong Ka Tai

PERSONEN AUF DEM FOTO

Die Eltern:
1. Wu Ba Jiu, 59, Vater
2. Guo Ju Xian, 57, Mutter

Familie des ersten Sohnes:
3. Wu Wen De, 30, Sohn
4. Li Jian Chun, 28, dessen Frau
5. Wu Dong, 8, ihr Sohn
6. Wu Xi, 3, ihre Tochter

Familie des zweiten Sohnes:
7. Wu Wen Bin, 25, Sohn
8. Li Rong, 25, dessen Frau
9. Wu Xue, 3, ihre Tochter

DER BESITZ DER FAMILIE

Auf dem Kahn:
- Tisch, Fernsehgerät, Netz

Am Ufer, von links nach rechts:
- Karren
- Nähmaschine
- Beistelltisch mit Puppe
- Gitarre
- Kleidung auf Bügeln
- Dreirad
- Schreibtisch
- Wärmflasche
- Reiskocher
- Ventilatoren (2)
- Kanister mit Insektenvertilgungsmittel und Zerstäuber
- Kleiderschrank
- Fahrräder (5)
- Besen
- Töpfe (4, für eingelegtes Gemüse)
- Schriftrollen (2, an der Wand)
- Schreibtisch mit Reiskocher, Schüsseln, Vase
- Tisch mit Kessel
- Reiskorb
- Bilder (2, links vom Eingang)
- Blechgefäße (2, für Bohnen)
- Korbstuhl
- Bett (gehört der Familie des ersten Sohnes)
- Bilder von Vorfahren (2, rechts vom Eingang)
- Fahrrad
- Dreirad
- Nähmaschine und Reiskocher
- Kleid auf Bügel
- Waschschüsseln (4)
- Stühle (2)
- Kleiderständer mit Kostüm
- Tisch mit Geschirr und Spielsachen
- Kleidung auf Bügeln
- Bett mit Bettzeug

- Die Gegenstände vor dem Haus links gehören überwiegend der Familie des zweiten Sohnes, die Gegenstände vor dem Haus rechts der Familie des ersten Sohnes

A

AUF EINEN BLICK	FAMILIE WU
Fläche 9 572 900 km^2	**Familienmitglieder** 9
Einwohner 1192,3 Millionen	**Größe der Wohnung** 55 m^2 (Küche, Wohnzimmer, 3 Schlafzimmer, 5 Vorratskammern/Abstellräume)
Bevölkerungsdichte 124,5 Menschen pro km^2	
Kinderzahl pro Frau 2,2	
Die Bevölkerung verdoppelt sich in 60 Jahren	**Arbeitszeit pro Woche** 60 Std. (Erwachsene, in der arbeitsintensiven Jahreszeit)
Anteil der städtischen/ländlichen Bevölkerung 28%/72%	**Zahl der** Radios: 2, Kassettenrecorder: 2, Telefone: 0, Fernsehgeräte: 1, Autos: 0
Lebenserwartung Frauen: 71,8 Jahre Männer: 68,6 Jahre	**Der wertvollste Besitz** Fernsehgerät (für Mutter, Vater, ältesten Sohn) Fahrrad (für zweiten Sohn) Goldene Halsketten (für Schwiegertöchter – Hochzeitsgeschenke)
Säuglingssterblichkeit 27 auf 1000 Geburten	
Auf einen Arzt kommen 730 Menschen	
Anteil der Analphabeten Frauen: 38%, Männer: 16%	**Am stärksten diebstahlgefährdet** Fische im Fischteich
Bruttosozialprodukt pro Kopf 380 US-$	**Sehnlichster Wunsch** Größeres Fernsehgerät, Videorecorder, Kühlschrank, mehr Werkzeug, Medikamente zur Bekämpfung von Fischkrankheiten
Rang auf der Entwicklungsliste der Uno 94	

B

Mittagessen der Familie Wu im Innenhof des Hauses. Es gibt Kohlsuppe, Lotuswurzeln, Rettich, Fisch, gekochten Sellerie, zwei Sorten Bohnen, eine scharfe Würzsauce und natürlich Reis aus dem großen, hölzernen Dampftopf (A). Am Nachmittag waschen die Schwiegertöchter Li Jian Chun und Li Rong im Bach am Haus Wäsche. Li Rongs Tochter Wu Xue spielt derweil in ihrer Nähe. Weil der Bach durch den Karpfenteich der Familie fließt, schließen die Frauen vorher ein Wehr und leiten das seifige Wasser um (B). Guo Ju Xian kocht eine Kohlsuppe mit Tofu und Hühnerbrühe in einem Wok. Die große, runde Holzplatte an der Wand dient als Deckel (C). Den Abend verbringt die Familie gemeinsam vor dem Fernsehgerät (D).

C

D

CHINA

China (Zhong Guo) besitzt die älteste lebendige Kultur der Menschheit — seit rund 4000 Jahren. Seine Herrscher betrachteten es stets als „Reich der Mitte" und haben sich um die übrige Welt kaum gekümmert — mit katastrophalen Folgen: Als im 19. Jahrhundert technisch überlegene europäische Mächte ins Land drangen, konnte China dem nichts entgegensetzen. Die Zentralgewalt zerfiel, weithin machten sich lokale Machthaber selbständig, und es kam zu Revolutionen und extremen sozialen Umwälzungen, die 1949 mit der Machtübernahme durch Mao Zedongs Kommunisten ihren vorläufigen Höhepunkt fanden. Das neue Regime zwang das Land zur Modernisierung. Der „Große Sprung nach vorn" scheiterte jedoch, und der Kulturrevolution fielen in den sechziger Jahren Millionen Menschen zum Opfer. Wenn auch die Nachfolger Maos nach dessen Tod im Jahre 1976 Demokratisierungsversuche bislang unterdrückten, so haben sie doch die Planwirtschaft weithin liberalisiert und ein explosives Wirtschaftswachstum angekurbelt. Allerdings wird trotz rigider Beschränkung der erlaubten Kinderzahl pro Familie die Bevölkerung bis zum Jahr 2025 wahrscheinlich auf 1,8 Milliarden wachsen. Fachleute bezweifeln, daß Chinas Nahrungs- und Energieproduktion oder seine Gesundheitsversorgung diesen Menschenmassen gewachsen sein wird. Die ökologische Situation ist überaus kritisch: enorme Luftverschmutzung, Bodenerosion, Entwaldung, Trinkwassermangel. Ob China seine Probleme lösen kann, ist für die Zukunft der Menschheit von größter Bedeutung.

B

A

Guo Ju Xian bringt regelmäßig Ware zum Sonntagsmarkt in Shiping, zum Beispiel Frühlingszwiebeln, Koriander und Schweineköpfe. Sie macht nach Überzeugung der Familie den vertrauenswürdigsten Eindruck auf die Kundschaft (A). Die Wus wohnen in der Nähe des Jadedrachensees. Alle drei Tage fährt ein Familienmitglied mit dem Kahn zwischen den Netzen der Fischzüchter hindurch und erntet Wasserhyazinthen, die an die Schweine verfüttert werden (B). In diesem übervölkerten Land findet nach Möglichkeit alles Verwendung. Die Familien der beiden Söhne haben Toiletten im Haus. Mit den Fäkalien werden die Felder gedüngt. Auch der Schweinemist wird gesammelt (C). Auf den Feldern der Provinz Yunnan ist das allmorgendliche Ausbringen der Fäkalien ein gewohnter Anblick (D).

C

D

Wu Dong darf in allen drei Wohnungen spielen. Hier sucht er gerade im Kleiderschrank des elterlichen Schlafzimmers nach seinem Spielzeug (A). Am Vormittag geht der Achtjährige in die Schule. Er verläßt das Haus um 7.15 Uhr, denn um 7.30 Uhr beginnt der Unterricht. Seine Schule zählt zu den besseren in der Region, weil es dort sogar einige Sportgeräte und eine Sportanlage gibt. Doch die Lehrer leiden unter zu großen Klassen und fehlenden Unterrichtsmaterialien. Am schönsten sind natürlich die Pausen, die die Kinder mit Gymnastik und Entspannungsübungen verbringen (B).

B

A

AUS DEM TAGEBUCH DES FOTOGRAFEN
LEONG KA TAI

Ohne persönliche Kontakte und gute Beziehungen erreicht man in China fast gar nichts. Ein Freund in der Provinzhauptstadt Kunming hatte mich mit einem Fremdenführer bekannt gemacht, der hatte mich einem Freund vorgestellt, und der wiederum zog vor meiner Anreise einen Monat lang von Dorf zu Dorf, um Kontakte herzustellen. Alles in allem muß ich mich glücklich schätzen, die Familie Wu gefunden zu haben. Es sind außerordentlich gutmütige, fröhliche Menschen. Das Familienfoto zu arrangieren war Schwerstarbeit. Chinesen sind leidenschaftliche Sammler, und wir mußten das Hab und Gut von immerhin drei Familien vors Haus tragen. Es schien kein Ende zu nehmen. Zuerst hatten sie sich geweigert, den riesigen Schrank des Vaters aus dem ersten Stock herunterzuschleppen, doch als ich darauf bestand, haben sie das schwere Trumm auseinandergenommen, um es durchs Treppenhaus zu bekommen. Am Ende hatten die Wus ihre helle Freude an dem Videofilm, den ich von der schweißtreibenden Aktion gedreht hatte. Und sie schlossen mich ins Herz. Vater Wu Ba Jiu drängte mich sogar, mich im Dorf niederzulassen. Er versprach, sich nach einem Haus und einer Frau umzusehen, die für mich kochen würde und mir Kinder schenken sollte. Er hatte schon eine 17jährige im Visier. Ich habe aber dankend abgelehnt.

INDIEN

Subkontinent in Nöten

Ahraura, Uttar Pradesch, Indien

Familie Yadev

Fotos: Peter Ginter

PERSONEN AUF DEM FOTO

1. Bachau Yadev, 32, Vater
2. Mashre Yadev, 25, Mutter
3. Bhola Yadev, 8, Sohn
4. Gurai Yadev, 6, Tochter
5. Manoj Yadev, 5, Sohn
6. Arti Yadev, 2, Sohn

DER BESITZ DER FAMILIE

Von links nach rechts:
- Holzstuhl mit Dosen (3) für Gewürze und Metallkiste für Dokumente, Bilder und Wertgegenstände
- Leiter
- Hölzerne Gewichte (4, werden beim Ringkampftraining benutzt)
- Bett (dient tagsüber als Sofa)
- Bilder von Hindugottheiten (3)
- Brennholz (rechts neben der Tür)
- Fahrrad (nicht funktionstüchtig)
- Metallgefäße (7), Kelche (2), Tabletts (4)
- Keramikgefäße (2, hinter den Metallgefäßen)
- Besteckkorb (zwischen Metall- und Keramikgefäßen)
- Korb mit Reis gefüllt
- Reissäcke (3)
- Zweites Bett (gegen die Wand gelehnt)
- Decken (4)

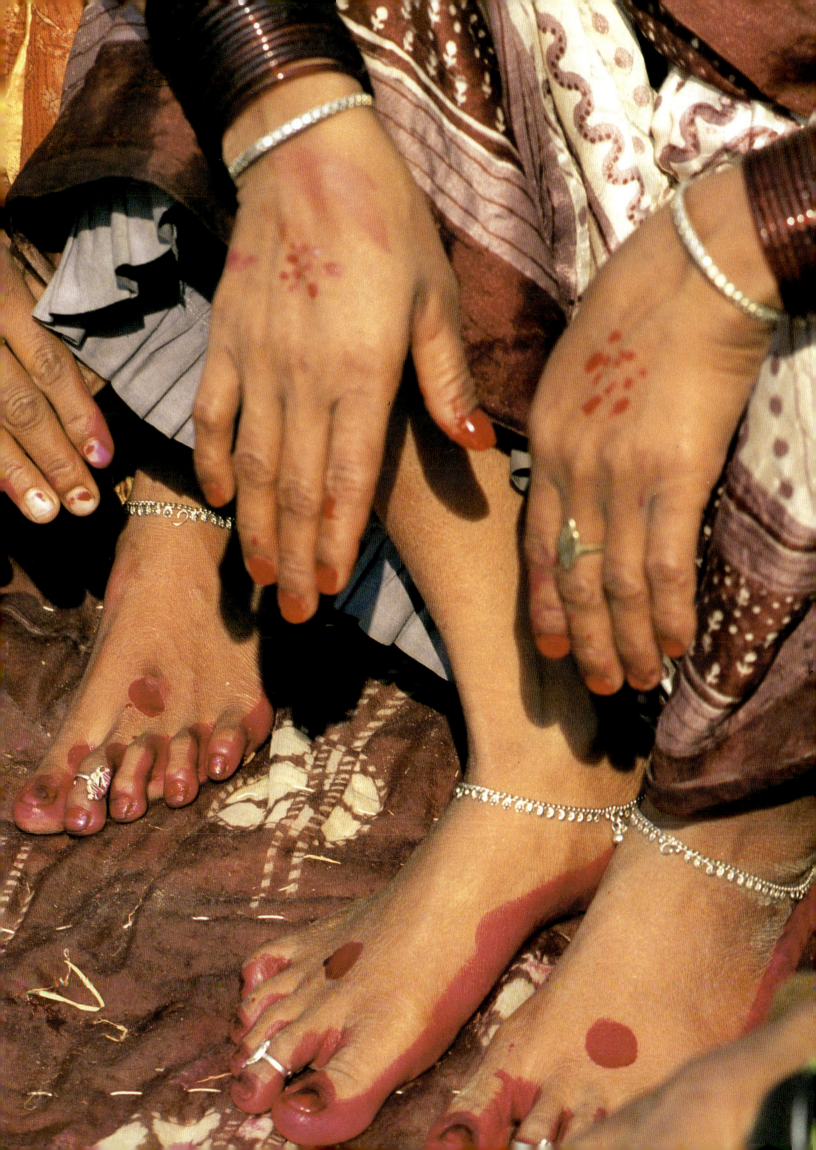

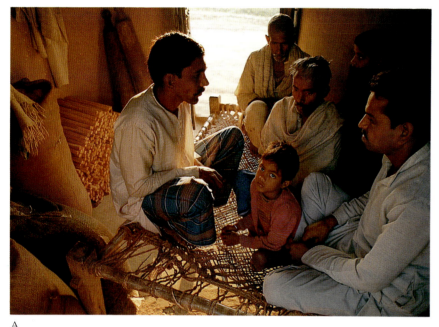
A

INDIEN

AUF EINEN BLICK

Fläche
3 165 594 km²

Einwohnerzahl
913,7 Millionen

Bevölkerungsdichte
288,4 Menschen pro km²

Kinderzahl pro Frau
3,9

Die Bevölkerung verdoppelt sich
in 36 Jahren

Anteil der städtischen/ländlichen Bevölkerung
26%/74%

Lebenserwartung
Frauen: 61,2 Jahre
Männer: 60,4 Jahre

Säuglingssterblichkeit
88 auf 1000 Geburten

Auf einen Arzt kommen
2440 Menschen

Anteil der Analphabeten
Frauen: 60,6%, Männer: 36,1%

Bruttosozialprodukt pro Kopf
310 US-$

Rang auf der Entwicklungsliste der Uno
135

Indien war früher ein Land des Überflusses. Große Ströme bewässern das alte Kulturland, rund 60 Prozent seiner Fläche sind wertvoller Ackerboden. Muslime, Portugiesen und Briten — sie alle wollten und hatten zeitweise Macht über den fruchtbaren Subkontinent. Gandhis gewaltloser Kampf gegen die britische Herrschaft führte das Land im Juni 1947 in die Unabhängigkeit. Schon zwei Monate später spaltete sich das muslimische Pakistan vom hinduistischen Indien ab. Die Konflikte zwischen den verschiedenen Volksgruppen und Religionsgemeinschaften sowie das immer noch spaltende Kastensystem bedrohen bis heute den Zusammenhalt des nach China bevölkerungsreichsten Landes der Erde. Im nördlichsten Bundesstaat Kaschmir beispielsweise kämpft seit 1989 eine — von Pakistan unterstützte — Guerillaarmee erbittert um die Unabhängigkeit der 1957 völkerrechtswidrig annektierten Region. Wirtschaftlich und politisch versucht Indien bis heute seine Unabhängigkeit zu bewahren: Es ist ein führendes Mitglied in der Bewegung der blockfreien Staaten, baut Kernkraftwerke, Satelliten und Supercomputer und ist sogar in der Lage, Atombomben herzustellen. Andererseits ist der Subkontinent wegen fataler Umweltschäden (Abholzung der Wälder, Verseuchung des Trinkwassers, Versalzung der Böden) nicht mehr in der Lage, seine schnell wachsende Bevölkerung ausreichend zu versorgen — ein Großteil der 913 Millionen Inder ist unterernährt.

B

C

In Ahraura, dem Dorf, in dem die Familie Yadev wohnt, besucht man einander an Wochenenden gleich nach Sonnenaufgang. Im Wohnzimmer sitzen Freunde und Nachbarn mit Vater Bachau und Sohn Bhola (A). Mutter Mashre bereitet in der Küche am anderen Ende des Hauses derweil ein Frühstück aus Tomaten und Reis zu (B). Bachaus Vater, der auch auf dem Grundstück wohnt, verteilt kostbaren Kunstdünger sorgfältig mit der Hand auf dem bewässerten Reisfeld (C). Mashre geht jeden Tag auf den Markt, um einzukaufen (D). **Doppelseite zuvor:** Von Sonnenaufgang bis Sonnenuntergang dauert Mashre Yadevs Arbeitstag. Am Nachmittag nimmt sie sich allerdings manchmal Zeit für einen Besuch bei Freundinnen. Während die Frauen plaudern, bemalen sie sich ihre Fußsohlen und die beringten Zehen. Dabei benutzen sie neben Naturfarben auch Nagellack.

D

A

B

C

D

Sauberkeit ist oberstes Gebot. Die drei älteren Kinder waschen sich jeden Morgen gründlich, bevor sie zur Schule gehen (A). Bachau Yadev ist ein begeisterter Amateurringer. Zwei- bis dreimal in der Woche geht er in den örtlichen Ringerverein. Ein bevorzugtes Trainingsgerät sind die fünfzehn Kilo schweren Holzkeulen (B). Nach der Feldarbeit waschen Bachau und sein Vater sich im Innenhof des Hauses (C). Im nahen Schulhaus haben nicht alle Schüler Platz, deshalb findet der Unterricht in Gruppen im Freien statt. Die Kinder haben weder Lehrbücher noch Schulhefte, geschrieben wird auf der Schiefertafel (D).

FAMILIE YADEV

Familienmitglieder
6

Größe der Wohnung
32 m²

Arbeitszeit pro Woche
56 Std. (Vater, wenn er Arbeit findet)
84 Std. (Mutter, ausschließlich im Haushalt)

Zahl der
Radios: 0, Telefone: 0,
Fernsehgeräte: 0, Videorecorder: 0,
Fahrräder: 1, Autos: 0

Der wertvollste Besitz
Farbdrucke von Hindugöttern
(für Vater)
Statuen von Gottheiten der Macht
und Stärke, die Heim
und Familie schützen (für Mutter)

Sehnlichster Wunsch
Eine oder zwei Milchkühe

AUS DEM TAGEBUCH DES FOTOGRAFEN
PETER GINTER

Nach einigen Tagen bei Familie Yadev wurde mir bewußt, welches Risiko sie eingegangen war, als sie sich mit meinem Besuch einverstanden erklärte. Als ich fotografierte, sahen die Nachbarn zu. Das zog noch mehr Neugierige an. Und wie das in kleinen Dörfern auf der ganzen Welt so ist — es gab auch Neider. Einigen Leuten ging der ganze Betrieb offenbar auf die Nerven; eines Tages flogen Steine in den Hof. Es entstand zum Glück kein Schaden, und es blieb bei diesem einen Zwischenfall. Weil die Familie Yadev keine Ersparnisse hat, lebt sie von der Hand in den Mund. In schlechten Zeiten gibt es manchmal wochenlang nur wenig zu essen. „Das liegt alles in Gottes Hand", sagte Bachau zu mir. „Wir können daran nichts ändern." Er führe ein besseres Leben als seine Eltern, und das sei genug. Die unvermeidlichen Mißverständnisse, die meine Anwesenheit mit sich brachte, nahm er zumeist mit fröhlicher Gelassenheit. Nach einer Mahlzeit bedankte ich mich bei der Hausfrau. Bachau konnte das nicht verstehen. Mashre selbst hatte kaum ein Wort mit mir gewechselt. So mußte ich zum Familienfoto zweimal ansetzen, weil Mashre beim ersten Mal zum Markt gegangen war. Sie hatte sich nicht vorstellen können, daß das, was mit Bachau verabredet war, auch nur das geringste mit ihr zu tun hatte.

BHUTAN

Legendäres Shangri-La
Shingkhey, Bhutan

Familie Namgay

Fotos: Peter Menzel

PERSONEN AUF DEM FOTO

1. Namgay, 50, Vater
2. Nalim, 47, Mutter
3. Kinley, 17, Sohn
4. Kinley Om, 14, Tochter
5. Zekom, 2, Tochter
6. Sangay, 29, Tochter
7. Sangay Khandu, 33, ihr Mann
8. Choden, 9, ihre Tochter
9. Chato Namgye, 7, ihr Sohn
10. Sangay Zam, 5, ihre Tochter
11. Chato Gyeltsen, 3, ihr Sohn
12. Tandin Gyeltsen, 2, ihr Sohn
13. Kinley Dordschi, 61, Bruder der Mutter (unverheiratet)
14. Kado, 27, Vetter des Vaters (Mönch, zu Besuch)

DER BESITZ DER FAMILIE

Im Vordergrund, von links nach rechts:
- Bumpas (2, zeremonielle Vasen)
- Gyalings (2, zeremonielle Musikinstrumente)
- Tschöpas (14, Metallschalen und -kelche für Opfergaben)
- Exemplar der Lebensgeschichte des populären „verrückten" Heiligen Drugpa Künleg
- Tschödom (Truhe für heilige Gegenstände) mit Namthössä-Statue (Gott des Reichtums) und Lampe (auf Chodom, verbrennt Butter)
- Shakyamuni-Buddha mit seidener Robe

Links von der Familie:
- Maispflanzen
- Landwirtschaftliche Geräte (9)
- Korb mit getrockneten Pfefferschoten

Sims am Haus, von links nach rechts:
- Reiskörbe (2)
- Baumstammleiter zum Dachboden
- Tontopf für Wasser
- Vorratsschrank (links neben der Tür)
- Bunte Banner als Glücksverheißung (3)
- Truhen (3, für Kleidung)
- Decken (3, zusammengelegt)
- Nähmaschine
- Schwein (unter der Treppe angebunden)

Veranda (hinter der Familie), von links nach rechts:
- Teppiche (5, für den Altarraum)
- Weizen
- Hölzerne Mistgabel
- Butterfaß und Kochtöpfe (neben der ältesten Tochter)
- Vorratskörbe (11)
- Kürbis

B

Sangay Khandu und seine Frau Sangay verbringen einen Großteil des Tages auf dem Feld und beim Vieh. Sangay Khandu pflügt mit den Bullen, um anschließend Reis zu pflanzen. Er geht besonders vorsichtig mit den notorisch übel gelaunten Tieren um. Die Großfamilie Namgay bewirtschaftet zwei Hektar Land, die sich in terrassierten Streifen über die Berghänge verteilen. Auf jeder Terrasse wird etwas anderes angebaut: Weizen, Reis, Chili oder Kartoffeln (A). Zu Sangays morgendlichen Pflichten gehört das Melken der Kühe. Die Milch wird in einem hölzernen Melkeimer aufgefangen (B). Die Weizenernte überläßt man den Frauen. Sie greifen sich eine Handvoll Ähren und schneiden sie am oberen Halmende ab. Für die Vorratshaltung hingegen binden sie das lange Korn zu Garben, die sie auf dem Dachboden lagern. Je nach Bedarf wird das Korn dann gedroschen (C).

A   C

A

B

C

Bhutan

AUF EINEN BLICK

Fläche
47 000 km²

Einwohnerzahl
1,7 Millionen

Bevölkerungsdichte
36,1 Menschen pro km²

Kinderzahl pro Frau
5,9

Die Bevölkerung verdoppelt sich
in 30 Jahren

Anteil der städtischen/ländlichen Bevölkerung
6%/94%

Lebenserwartung
Frauen: 49,6 Jahre
Männer: 50,7 Jahre

Säuglingssterblichkeit
129 auf 1000 Geburten

Auf einen Arzt kommen
13 110 Menschen

Anteil der Analphabeten
Frauen: 91%, Männer: 69%

Bruttosozialprodukt pro Kopf
180 US-$

Rang auf der Entwicklungsliste der Uno
162

Bhutan, im Himalaya zwischen Tibet und Indien gelegen, hat sich lange gegen Ausländer abgeschottet. Erst in den sechziger Jahren erlaubte der damalige König den Bau einer Straße ins Innere des sagenumwobenen Shangri-La. Sein Sohn versucht nun, die Wirtschaft des Landes zu modernisieren, ohne die tibetisch-buddhistische Kultur zu stark fremden Einflüssen auszusetzen: Bhutan läßt nur wenige tausend Ausländer pro Jahr einreisen, die Arbeit internationaler Entwicklungsorganisationen wird strikt kontrolliert. Andererseits richtete man weltliche Schulen ein, wurden ein Netz regionaler Gesundheitszentren aufgebaut, die Abholzung eingeschränkt und ein Bewässerungssystem zur Steigerung der Ernteerträge entwickelt. Die meisten Bhutaner leben in kleinen Dörfern über die Hochgebirgstäler des Landes verstreut. Ein ungelöstes Problem: Seit 1991 leben 86 000 Flüchtlinge aus Bhutan in Lagern im benachbarten Nepal. Bhutans Regierung behauptet, es seien größtenteils illegal eingewanderte Nepalesen; die Flüchtlinge behaupten, sie seien seit Generationen in Bhutan ansässig. Trotz aller Entwicklungsfortschritte bestimmen noch immer buddhistische Traditionen den Alltag, sind noch immer die Töne der alphornartigen tibetischen Hörner und der sonore Singsang der Mönche in den Tälern zu hören. Das wird auch so bleiben, sollte es der Regierung gelingen, Fortschritt, Kultur und Umwelt in Balance zu halten — und das Flüchtlingsproblem zu lösen.

Kinley Dordschi sammelt jeden Morgen an den Berghängen Feuerholz. Fast immer bringt er den Kindern etwas mit — diesmal sind es Beeren für Chato Gyeltsen (A). Der unverheiratete Onkel kümmert sich liebevoll um die Kinder seiner Schwester. Zum Frühstück füttert er den zweijährigen Tandin Gyeltsen mit einer süßen Reissuppe. Sein nach ihm benannter Neffe (stehend, links) besucht eine Internatsschule und ist nur an den Wochenenden daheim (B). Da die Nutztiere im Erdgeschoß untergebracht sind, kann man sich vor Fliegen kaum retten. Ein echtes Problem, weil die Plagegeister zur Verbreitung von Hautkrankheiten und Durchfallerkrankungen beitragen, von denen die meisten Familienmitglieder befallen sind (C). Nach der Mahlzeit steckt Nalim — Kinley Dordschis Schwester — ihre Tochter Zekom in ein Tragetuch auf dem Rücken und arbeitet am Butterfaß (D).

D

Aus dem Tagebuch des Fotografen
Peter Menzel

Ich habe sechs Tage bei der Familie Namgay verbracht. Sie lebt in einem Dorf mit zwölf Häusern, vier Autostunden von der Hauptstadt Thimphu entfernt. Nach der Autofahrt muß man noch einen einstündigen Fußmarsch zurücklegen. Die Namgays haben noch nie ein Fernsehgerät oder ein Flugzeug gesehen und auch noch keinen leibhaftigen Amerikaner. So betrachteten sie mich mit ebensolcher Neugier wie ich sie. Jeden Abend war ich bei einer anderen Familie zum Essen eingeladen. Stets gab es schmackhafte Speisen, die ich — mit im Schneidersitz schmerzenden Beinen — mit der einen Hand zum Mund führte, während ich mit der anderen die Fliegen verscheuchte. Die Geräuschkulisse war phantastisch: Frauen, die bei der Ernte sangen, der murmelnde Gesang der Mönche, das Jauchzen und Quietschen spielender Kinder. Doch das kleine Paradies hatte auch eine Kehrseite: Tiere und Menschen verrichteten ihre Notdurft direkt vor dem Haus, während im Haus auf offenem Feuer gekocht wurde. Nirgendwo sonst habe ich eine ähnliche Kombination aus Qualm, Gestank und Fliegen erlebt. Die Kinder hatten Rotznasen und Durchfall, und die meisten litten unter Hautausschlag. Das Dorf als Lebensgemeinschaft scheint zu funktionieren: Namgay mit seinem Klumpfuß, sein buckliger Sohn Kinley und seine zwergwüchsige Tochter Kinley Om — alle sind integriert. Sie leben in ihrer Bergwelt mit dem allumfassenden Buddhismus im Einklang.

FAMILIE NAMGAY

Familienmitglieder
13

Größe der Wohnung
dreistöckiges Haus
67 m² Wohnraum, 105 m² Keller/Scheune, 67 m² Abstellraum im Dachgeschoß

Familie Namgay gibt 16% ihres Einkommens für Lebensmittel aus

Für Kleidung
33%

Zahl der
Radios: 1 Telefone: 0,
Fernsehgeräte: 0, Autos: 0

Der wertvollste Besitz
Religiöses Buch (für Vater, Mutter, älteste Tochter)
Schulbücher (für ältesten Sohn)
Springseil (für jüngste Tochter)

In der Nähe des Dorfes Shingkhey liegt das gleichnamige Kloster. Jedes Jahr werden der Ort und seine Bewohner in einer zweitägigen Zeremonie für das neue Jahr gesegnet. Dann füllen die Mönche das Tal mit ununterbrochenen frommen Gesängen und den langgezogenen dunklen Tönen ihrer Hörner (A). — „Eine gute Ausbildung ist alles", sagt Namgay. Die Schule liegt eine Wegstunde vom Dorf entfernt. Seine 14jährige Tochter Kinley Om besucht erst jetzt die erste Klasse, weil sie bisher immer zu Hause helfen mußte. Aber das scheint nicht ungewöhnlich zu sein, ihre Mitschüler sind zwischen sechs und 17 Jahren alt (B). Rituelle Fußwaschung vor dem Betreten des Hauses, in dem die Mönche sich eingefunden haben (C).

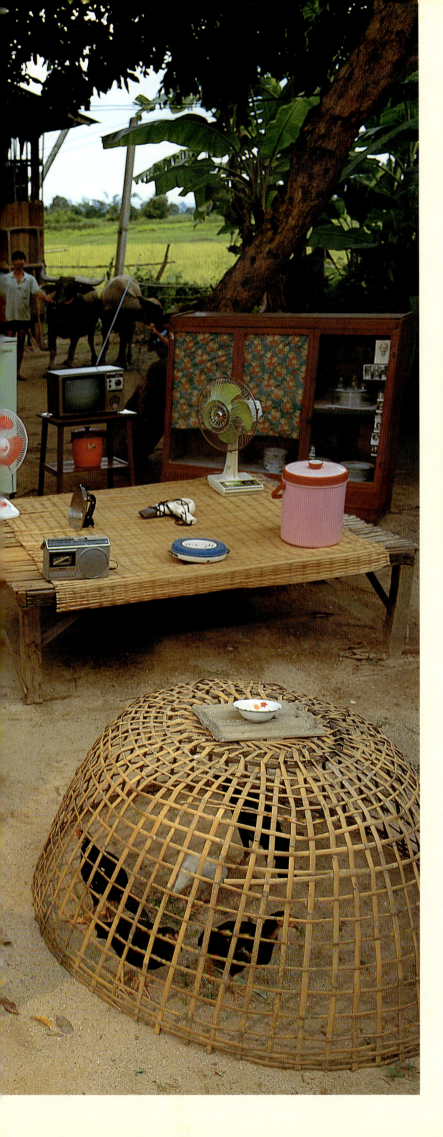

THAILAND

Fortschritt um jeden Preis
Ban Muang Wa, Thailand

Familie Kuenkaew

Fotos: Peter Menzel

PERSONEN AUF DEM FOTO

1. Boontham Kuenkaew, 39, Vater
2. Buaphet Kuenkaew, 36, Mutter
3. Jeeraporn Kuenkaew, 14, Tochter
4. Visith, Kuenkaew, 9, Sohn
5. Vichai Sadub (Dang), 37, Bruder der Mutter

DER BESITZ DER FAMILIE

Von links, im Uhrzeigersinn:
- Motorroller
- Videospiel (in der Hand des Sohnes)
- Kochtopf auf Feuerstelle
- Wasserbehälter (2) mit Kelle
- Bananenbäume (2)
- Vorratsschrank mit Fliegengitter und Kelle (die Füße stehen in Schüsseln mit Insektenvertilgungsmittel, um Ungeziefer abzuhalten)
- Bett der Eltern mit Kleidung
- Schrank mit Kleidung
- Nähmaschine mit Kosmetikutensilien
- Bett der Kinder (mit Moskitonetz)
- Kunstdruck (durch das Fenster zu sehen)
- Schrank (Plastik) mit Kleidung
- Fahrräder (2)
- Gasherd mit Wok
- Wasserschüssel und Eimer (3)
- Landwirtschaftliches Gerät
- Wasserbüffel (2, werden von Dang, dem Bruder des Vaters, gehalten)
- Reisfeld (im Hintergrund)
- Schrank mit Geschirr, Familienfotos
- Kühlschrank
- Tisch mit Fernsehgerät (schwarzweiß) und Eiswürfelbehälter
- Bambustisch mit Ventilatoren (2), Bügeleisen, Fön, Radio/Kassettenrecorder, Kochplatte, Reistopf

Im Vordergrund:
- Der Haushund (ohne Namen)
- Hühner (unter Bambusgestell)

A

THAILAND

AUF EINEN BLICK

Fläche
513 115 km²

Einwohnerzahl
57,5 Millionen

Bevölkerungsdichte
112,2 Menschen pro km²

Kinderzahl pro Frau
2,2

Die Bevölkerung verdoppelt sich
in 50 Jahren

Anteil der städtischen/ländlichen Bevölkerung
17,7%/82,3%

Lebenserwartung
Frauen: 71 Jahre
Männer: 66 Jahre

Säuglingssterblichkeit
26 auf 1000 Geburten

Auf einen Arzt kommen
5000 Menschen

Anteil der Analphabeten
Frauen: 10%, Männer: 4%

Bruttosozialprodukt pro Kopf
1840 US-$

Rang auf der Entwicklungsliste der Uno
54

Anders als die Nachbarländer Kambodscha, Laos, Vietnam und Myanmar (Burma) ist Thailand in den vergangenen Jahrzehnten weder durch Bürgerkrieg noch durch Okkupation fremder Truppen erschüttert worden. Das Bruttosozialprodukt des Landes hat sich zwischen 1970 und 1990 vervierfacht. Der größte Teil der Bevölkerung kann lesen und schreiben, die Säuglingssterblichkeit wurde gesenkt. Doch für diese Fortschritte mußte das Land einen hohen Preis zahlen: Rücksichtslos wurden die Teakwälder abgeholzt, die reichen Fischgründe im Golf von Thailand sind leer gefischt, die Sechsmillionenstadt Bangkok erstickt an Müll und Autoverkehr. Zugleich muß aber der Wunsch der Bevölkerung nach immer mehr Konsum weiter befriedigt werden. Keine leichte Aufgabe für den ersten zivilen Premierminister, der im September 1992 einen General als Regierungschef abgelöst hat — vor allem, weil korrupte Offiziere nach wie vor die Drahtzieher von vielerlei illegalen Geschäften wie etwa Holzeinschlag oder Rubinschmuggel sind.

Am Sonntag treffen sich einige Kinder hinter dem Haus der Familie Kuenkaew. Vor drei Wochen hatten die Eltern ihrem Sohn Visith ein Videospiel geschenkt, das der Junge seitdem kaum aus der Hand gelegt hat. Nur wenn er beim Füttern der Tiere helfen muß, überläßt er es für kurze Zeit seiner Schwester Jeeraporn und ein paar Freunden (A). Trotz aller westlichen Einflüsse wird das Leben der Eltern immer noch vom traditionellen Rhythmus des bäuerlichen Jahres und vom Buddhismus bestimmt. Eine Statue Buddhas im Großen Palast von Bangkok (rechts).

A

B

Der neunjährige Visith morgens in der Schule; hier löst er gerade mit seinen Klassenkameraden eine Rechenaufgabe (A). Auf der Flucht vor der Nachmittagshitze döst Mutter Buaphet auf dem Fußboden vor dem Fernseher. Es wird gerade eine ihrer Lieblings-Seifenopern aus thailändischer Produktion gezeigt (B). Die Nachbarn der Familie Kuenkaew arbeiten auf dem Feld. Sie schneiden den Reis mit einer Sichel, lassen ihn einige Tage zum Trocknen liegen und bündeln ihn dann mit langen Halmen (C). Vor der Reisernte stellt Vater Boontham Opfergaben aus Gurken, gewürztem Schweinefleisch, Bambussprossen, Garnelenpaste und Reis vor das alte Geisterhaus auf seinem Hof. An solchen Orten wohnen die vielen Hausgeister, die für die Thais Bestandteil ihres Lebens sind. Weil diese Geister auch Schaden anrichten können, werden sie mit brennenden Kerzen, Räucherstäbchen, Reis und Blumen besänftigt (D). Buaphet beim Wäschewaschen im Hof des Hauses (E).

FAMILIE KUENKAEW

Familienmitglieder
5

Größe der Wohnung
68 m²
(zwei Schlafzimmer, Wohnzimmer, Küche im Keller)

Arbeitszeit pro Woche
42 Std. (die Erwachsenen – zur Erntezeit mehr)

Familie Kuenkaew gibt 79% ihres Einkommens für Lebensmittel aus

Zahl der
Radios: 1, Telefone: 0,
Fernsehgeräte: 1, Videorecorder: 0,
Motorroller: 1, Autos: 0

Der wertvollste Besitz
Motorroller (für alle)

Der sehnlichste Wunsch
Stereoanlage, Farbfernsehgerät, Auto
(soll alles durch den Verkauf eines Reisfelds finanziert werden)

C

D

E

A

B

Nach dem Tod eines 72jährigen Nachbarn hat dessen Familie einen pagodenähnlichen Sarkophag mit buntem Papier beklebt, in dem der Tote später verbrannt wird. Dann hält das Dorf eine zweitägige Totenwache, mit Leichenschmaus, Musik und Glücksspiel. Geschenke werden auf den Sarg gelegt. Auf dem Friedhof läßt man sich an dem Aufbahrungsgerüst fotografieren und nimmt Abschied von dem Verstorbenen. Wenn alle gegangen sind, wird der Leichnam vom Bestatter dem Feuer übergeben (A). — Beim Trommelwettbewerb, den die Kuenkaews um nichts in der Welt verpassen würden, schlagen bis zu 30 verschiedene Tempel-Mannschaften mitten im Jahrmarktsgewühl kräftig auf die Pauke (B).

AUS DEM TAGEBUCH DES FOTOGRAFEN
PETER MENZEL

Für die Familie Kuenkaew ist es problemlos, böse Hausgeister zu besänftigen und gleichzeitig an Buddha zu glauben. Eine Toleranz, die gut zu diesem von der Natur so reich gesegneten Land paßt. Am besten gefielen mir die Obstbäume im Garten. Es gibt Bananen, Kokosnüsse, Mangos, Lamud, Jackfrucht und Rambutans. Ich war zu Beginn der Regenzeit dort. Dann schwärmen die langen roten Ameisen aus. Die Kuenkaews fingen die Tiere, bevor sie zum Flug ansetzten. Das war nicht einfach, denn die Ameisen sind mit winzigen weißen Baby-Ameisen bedeckt, die unangenehm beißen. Man muß sie rasch abschütteln und die großen Ameisen in eine Flasche stecken. Später hat Buaphet sie nach laotischer Sitte im Wok gebraten. Sie schmeckten ein wenig wie Speckwürfel. Für die Kuenkaews war ich der erste Ausländer, mit dem sie in näheren Kontakt gekommen waren, und zu Beginn hielten sich alle noch sehr zurück. Ich mußte sie gut überzeugen und ihnen in Jeer spüren, daß alle gar nicht das schlimme Mädchen bei dem Gedanken jedesmal in Tränen ausgebrochen war. Schließlich aber war ich Zeuge des Fahnenhissens, mit dem dort jeder Schultag beginnt. Tausend uniformierte Kinder nahmen Aufstellung und lauschten dem Direktor. Dann ging einer der Turnlehrer durch die Reihen und verpaßte jedem Jungen, der zu lange Haare hatte, auf der Stelle den vorgeschriebenen Bürstenschnitt.

VIETNAM

Ein Land auf dem Sprung
Viet Doan, Vietnam

Familie Nguyen

Fotos: Leong Ka Tai

PERSONEN AUF DEM FOTO

1. Nguyen Duy Ha, 33, Vater
2. Nguyen Thi Canh, 31, Mutter
3. Nguyen Thi Huong, 9, Tochter
4. Nguyen Duy Hung, 7, Sohn
5. Nguyen Thi Hai, 3, Tochter
6. Angehörige (4 Tanten, 4 Onkel, Kinder)

DER BESITZ DER FAMILIE

Von links, im Uhrzeigersinn:
- Fahrräder (2)
- Tropenhelm (auf der Mauer)
- Behälter mit Insektenvertilgungsmittel
- Wasserkessel
- Betten (2)
- Schweine (2), Hühner, Hahn
- Heuhaufen (hinter dem linken Bett)
- Radanhänger
- Tönernes Gefäß
- Großer Kochtopf
- Stuhl (teilweise vom Ventilator verdeckt)
- Haus (von den Großeltern erbaut)
- Schreibtisch mit Büchern und Schulsachen der Kinder
- Landwirtschaftliches Gerät
- Anrichte mit Geschirr, Thermoskanne, Teeservice, Ventilatoren (2), Korb mit Geschirr
- Korb mit Töpfen und Schüsseln
- Tabletts (2)
- Untergestell für Anrichte
- Bambusbank

A

Der Arbeitstag beginnt für die Familie Nguyen um 6.30 Uhr. Noch vor dem Frühstück müssen die Schweine gefüttert und die Hühnereier aus den Nestern genommen werden. Dann wird das Haus aufgeräumt. Das Frühstück besteht für gewöhnlich aus Resten vom Abend zuvor: Eiern, Schweinefleisch, Gemüse und Reis. Anschließend geht Thi Canh auf ein Feld der Produktionsgenossenschaft und erntet Grünfutter (A). Der Morgendunst hängt noch über dem Dorf, wenn Zweitkläßler Duy Hung sich um 7.30 Uhr auf den Schulweg macht. Für Thi Huong beginnt der Unterricht erst eine halbe Stunde später. Ihr bleibt noch Zeit, ihre kleine Schwester Thi Hai zum Kindergarten zu bringen (rechts).

VIETNAM

AUF EINEN BLICK

Fläche
329 566 km²

Einwohnerzahl
72,3 Millionen

Bevölkerungsdichte
219,4 Menschen pro km²

Kinderzahl pro Frau
3,9

Die Bevölkerung verdoppelt sich
in 30 Jahren

Anteil der städtischen/ländlichen Bevölkerung
20,4%/79,6%

Lebenserwartung
Frauen: 67,6 Jahre
Männer: 63,4 Jahre

Säuglingssterblichkeit
36 auf 1000 Geburten

Auf einen Arzt kommen
2860 Menschen

Anteil der Analphabeten
Frauen: 16%, Männer: 8%

Bruttosozialprodukt pro Kopf
220 US-$

Rang auf der Entwicklungsliste der Uno
116

Noch gilt Vietnam als eines der ärmsten Länder der Welt, doch längst ist es auf dem Sprung, sich in die Riege der südostasiatischen „Tigerstaaten" mit boomender Wirtschaft einzureihen. Die Folgen des Krieges zwischen 1964 und 1975 sind freilich noch überall zu spüren: Drei Millionen Vietnamesen fielen, und bis heute leidet das Land unter den Entlaubungsaktionen der US-Truppen. Jahrhundertelang hat Vietnam seine Unabhängigkeit verteidigen müssen — gegen Chinesen, Japaner, Franzosen und schließlich die Amerikaner. Während des Vietnamkrieges installierten Hanois Kommunisten in den Nachbarländern Laos und Kambodscha sozialistische Regime und mithin ihre Hegemonialmacht. Internationaler Druck und Probleme im Inneren führten in den achtziger Jahren zu einem Kurswechsel — auch in der Wirtschaftspolitik. Nach Jahren kommunistischer Orthodoxie näherte sich der Staat einer Art Marktwirtschaft, die meisten Preise wurden freigegeben. Seitdem investieren westliche Firmen wieder in Vietnam. 1994 beendete auch der Kriegsgegner USA das Handelsembargo gegen den einstigen Feind, 1995 wurden halboffiziell die diplomatischen Beziehungen wiederaufgenommen. Doch noch ist höchst ungewiß, ob Vietnams wirtschaftlicher Freiheit auch Demokratie folgen wird: Die KP besteht nach wie vor auf ihrer Alleinherrschaft.

A

Ehe sie sich zum Familienfoto aufstellten, luden die Nguyens alle Mitglieder der Großfamilie und uns zu einem Festessen — eine ansehnliche Gästeschar, denn Duy Ha hat noch drei ältere Brüder und eine Schwester. Fünf Tabletts mit identischen Speisen wurden von den Frauen hereingebracht: Eins war für Duy Ha, dessen Mutter und seine Brüder; drei für die Frauen, Kinder und Jugendlichen und ein fünftes für Duy Has Vater und die ausländischen Gäste. Bald erfüllten fröhliches Stimmengewirr, das Surren des Ventilators und der appetitanregende Duft von gerösteten Erdnüssen, im Wok gebratenem Hühnerfleisch, frittiertem Tofu, Frühlingsrollen und Reis den Raum (A). Schon früh am Morgen spült Mutter Thi Canh Geschirr und wäscht Gemüse. Vater Duy Ha und die kleine Thi Hai helfen ihr dabei (B). In der Landkommune Phat Tich, zu der die Familie Nguyen gehört, wird Reis angebaut und verarbeitet (C). Nächste Doppelseite: Vietnam ist überwiegend buddhistisch. Wenn es aber um den „schönsten Tag im Leben" geht, bevorzugen viele junge Paare westliche Hochzeitskleidung.

FAMILIE NGUYEN

Familienmitglieder
5

Größe der Wohnung
80 m²

Arbeitszeit pro Woche
119 Std. (Vater, Mutter, jeweils
17 Std. pro Tag.
Urlaub gibt es nicht)

Familie Nguyen gibt 55%
ihres Einkommens
für Lebensmittel aus

Zahl der
Radios: 0, Telefone: 0,
Fernsehgeräte: 1 (wird mit Verwandten geteilt), Autos: 0

Der wertvollste Besitz
Haus (für Vater — „Wenn du
ein gutes Haus hast, dann hast
du ein gutes Leben")
Gesundheit der Kinder (für Mutter)

Sehnlichster Wunsch
Ein eigenes Fernsehgerät,
ein Radio, neue Betten, ein Motorrad.
„Das sind aber nur Träume"

B

C

AUS DEM TAGEBUCH DES FOTOGRAFEN
LEONG KA TAI

Hanoi kam mir vor wie China 1986. Das Land war im Begriff, sich dem Rest der Welt zu öffnen, und wirkte geradezu trunken von dem Gedanken an die Möglichkeiten, welche die Zukunft bereitzuhalten schien. Mag sein, daß es hier einmal besser funktionieren wird als in China. Die Vietnamesen zeichnet eine besondere Unbeschwertheit und Lebensfreude aus. Dennoch drehte man mich total durch die bürokratische Mangel. Als ich nach „meiner" Familie suchte, hatte ich ständig neun Leute um mich herum. Schließlich fand ich die Familie, die bereit war, mich bei sich aufzunehmen. Allerdings weigerte Vater Duy Ha Nguyen sich, die Möbel auf ein Feld zu stellen, das sich hervorragend für das Familienfoto geeignet hätte. In Vietnam glaubt man, es bringe Unglück, die Betten durchs Haupttor hinauszutragen. Das geschieht nur nach einem Todesfall oder einer Ehescheidung. Also beschlossen wir, alles in den kleinen Hof zu quetschen. Dann trieb ich die Familie fast in den Wahnsinn, weil ich lange darauf wartete, daß die Sonne ihr Versteckspiel hinter den Wolken aufgab. Vor meiner Abreise bot Duy Has Schwägerin mir an, ihr Baby mit nach Hongkong zu nehmen. Und der örtliche Geburtshelfer erzählte mir, die junge Dorfschöne Quin wolle auch gern mitkommen. So könnte man schnell zu einer Familie kommen.

USBEKISTAN

Nun herrscht wieder Allah
Bei Taschkent, Usbekistan

Familie Kalnazarow

Familienfoto: L. Psihoyos/J. Knoebber

Fotos: Scott Thode

PERSONEN AUF DEM FOTO

1. Serik Kalnazarow, 44, Vater
2. Saliha Kalnazarow, 40, Mutter
3. Usen Kalnazarow, 19, Sohn
4. Bakhit Kalnazarow, 18, Sohn
5. Assiya Kalnazarow, 17, Tochter
6. Zulphiya Kalnazarow, 14, Tochter
7. Makhsud Kalnazarow, 12, Sohn
8. Akhmediar Kalnazarow, 9, Sohn

DER BESITZ DER FAMILIE

Von links, im Uhrzeigersinn:
- Hund (der zweite Hund ist nicht auf dem Foto)
- Truhen (4) für Steppdecken und Teppiche mit Steppdecken, Kissen und Teppichen (29)
- Winterhaus (hinter dem Baum)
- Sommerhaus
- Schrank mit Geschirr
- Schrank mit weiteren Steppdecken
- Tisch mit Haushaltsgegenständen
- Stühle (4)
- Butterfaß
- Scheune mit Heu auf dem Heuboden
- Kuh
- Fahrrad (nur auf dem kleinen Foto zu sehen)
- Teppiche (3)
- Bett

A

B

AUF EINEN BLICK

Fläche
447 400 km²

Einwohner
22,3 Millionen

Bevölkerungsdichte
50 Menschen pro km²

Kinderzahl pro Frau
2

Die Bevölkerung verdoppelt sich
in 26 Jahren

Anteil der städtischen/ländlichen Bevölkerung
40%/60%

Lebenserwartung
Frauen: 71,8 Jahre
Männer: 65,1 Jahre

Säuglingssterblichkeit
37,1 auf 1000 Geburten

Auf einen Arzt kommen
280 Menschen

Anteil der Analphabeten
Frauen: 4%, Männer: 1,5%

Bruttosozialprodukt pro Kopf
860 US-$

Rang auf der Entwicklungsliste der Uno
91

Auch im Winter bleibt für die Familie Kalnazarow noch reichlich zu tun. Häufig beginnt Mutter Saliha ihren Arbeitstag mit dem Brotbacken. Sie trägt den Fladenbrotteig zum Küchengebäude (A). Der steinerne Backofen besitzt eine Kuppel. Auf dem Boden darunter brennt ein Holzfeuer. Saliha klebt die Teigfladen an die Ofendecke und zieht sie, wenn sie gebacken sind, nach und nach ab. Im Winter bewohnt die Familie das kleinere, heizbare Haus. Weil es darin für die acht Personen nur zwei Zimmer gibt, schlafen Männer und Frauen getrennt (B). Auch die Kinder müssen mitarbeiten, wenn sie nicht in der Schule sind. Der zwölfjährige Makhsud wirft Heu vom Heuboden direkt in die Krippen der unten im Stall stehenden Kühe (C). Alle freuen sich auf das Essen. Eine typische Mahlzeit: Pilaw-Reis mit Leber und Gemüse, selbst eingelegte Tomaten, frisches Brot, Tomatensaft und Tee (D).

C

D

USBEKISTAN

Usbekistan trocknet zunehmend aus. Nach Eingliederung des Landes 1924 in die Sowjetunion mußte in Usbekistans neu geschaffenen Großkolchosen auf Anweisung Moskaus überwiegend Baumwolle angebaut werden. Ein ausgedehntes System von Bewässerungskanälen leitet seither Wasser — vor allem aus dem Aralsee — auf die Plantagen. Heute ist das Land zwar der drittgrößte Baumwollproduzent der Welt, doch der Aralsee ist stark geschrumpft. Wo er zurückweicht, hinterläßt er eine Wüste ausgetrockneten Schlamms, verseucht von Kunstdünger und Herbiziden aus der Baumwoll-Monokultur. Wegen dieser einseitigen landwirtschaftlichen Produktion müssen inzwischen viele Nahrungsmittel eingeführt werden. Nach dem Zusammenbruch der UdSSR erklärte auch Usbekistan 1991 seine Unabhängigkeit. Seither versucht die Regierung, Staatsbetriebe zu privatisieren und die lähmende Bürokratie abzubauen. Doch Gewohnheiten aus 70 Jahren Planwirtschaft sind nur schwer abzuschütteln. Obwohl dem Namen nach eine Demokratie, steht Usbekistan de facto unter der Einmannherrschaft des bis zum Jahr 2000 gewählten Präsidenten Islam Karimow, eines Exkommunisten, der das weitgehend sunnitisch-islamische Land zu einem „Bollwerk gegen den Fundamentalismus" der iranischen Schiiten erklärt hat. Nach Ansicht westlicher Beobachter verliefen die letzten Wahlen 1994 undemokratisch — Menschenrechte zählen in Usbekistan auch nach dem Ende des Bolschewismus nur wenig.

A

B

C

Die Familie Kalnazarow hat drei verschiedene Häuser: ein kleines, heizbares Winterhaus mit zwei Zimmern, ein größeres, unbeheiztes Sommerhaus mit vier Zimmern und ein frei stehendes Küchengebäude mit Backofen und einem Herd, in dem Mutter Saliha gerade ein Feuer entfacht (A). Was die Familie nicht selbst anbaut, muß im Dorfladen gekauft werden. Eine Einrichtung, die Saliha mit Mißtrauen betrachtet. Auf vielen Konserven ist das Haltbarkeitsdatum längst abgelaufen, und die besten und begehrtesten Artikel werden manchmal gehortet und nur an bevorzugte Kunden abgegeben (B). Schule und Arbeit auf dem Bauernhof lassen sich nicht immer problemlos miteinander verbinden. So macht Makhsud frühmorgens noch schnell letzte Hausaufgaben, während seine Schwester Zulphiya den Brotteig knetet (C). Der Schulbesuch ist für die Kinder häufig alles andere als ein Vergnügen. Im Klassenzimmer kann nicht geheizt werden, und an besonders kalten Tagen muß Akhmediar einen dicken Pullover tragen (D).
<u>Nächste Doppelseite</u>: usbekisches Polo. Ein Reiter legt sich ein Schaf über den Sattel, und die anderen versuchen, es ihm wegzunehmen.

FAMILIE KALNAZAROW

Familienmitglieder
8

Größe der Wohnung
93 m² im Sommerhaus,
56 m² im Winterhaus

Arbeitszeit pro Woche
48 Std. (Vater)
48 Std. (Mutter)

Familie Kalnazarow gibt 70% ihres Einkommens für Nahrungsmittel aus

Zahl der
Radios: 0, Telefone: 0,
Fernsehgeräte: 1 (funktioniert nicht),
Videorecorder: 0, Autos: 0

Der wertvollste Besitz
Keine Angaben (von Vater und Mutter)
Fahrrad (für dritten und vierten Sohn)

Sehnlichster Wunsch
Neues Fernsehgerät, Radio,
Videorecorder, Auto

AUS DEM TAGEBUCH DES FOTOGRAFEN
SCOTT THODE

Ich war von Moskau aus nach Taschkent geflogen. Das relativ wohlhabende Moskau erschien mir im Vergleich zur armen, aber freundlichen usbekischen Hauptstadt geradezu öde, kalt und ohne Elan. Das Ferganatal ist wunderschön. Überall begegnet man zwei Welten. Autos und Busse passieren Wasser tragende Frauen und Männer in Eselskarren. Beim Betrachten meiner Visitenkarte hat die Familie Kalnazarow mich gefragt, was ein Fax sei. Als Kasachen gehören sie im Land der Usbeken zu einer Minderheit. Trotzdem sind sie eine landestypische Familie. Alle scheinen nahezu rund um die Uhr beschäftigt zu sein: Sie fällen Bäume, füttern das Vieh, holen Wasser vom Brunnen, gehen zum Gemeinschaftsbad in gut anderthalb Kilometern Entfernung. Saliha Kalnazarow arbeitet unglaublich schwer. Ich habe bei ihr nicht eine Minute Leerlauf erlebt. Sie kocht, putzt, räumt auf und teilt die Kinder zur Arbeit ein. An meinem letzten Tag in Usbekistan schneite es. Als wir zum Haus der Kalnazarows fuhren, waren Felder und Dächer mit einer dünnen Schneeschicht überzogen, und die ganze Umgebung erschien mir plötzlich schöner als alles, was ich je zuvor gesehen hatte.

LATEINA
UND

HOCHZEIT IM PALACIO DE MATRIMONIO,
HAVANNA, KUBA
FOTO: PETER MENZEL

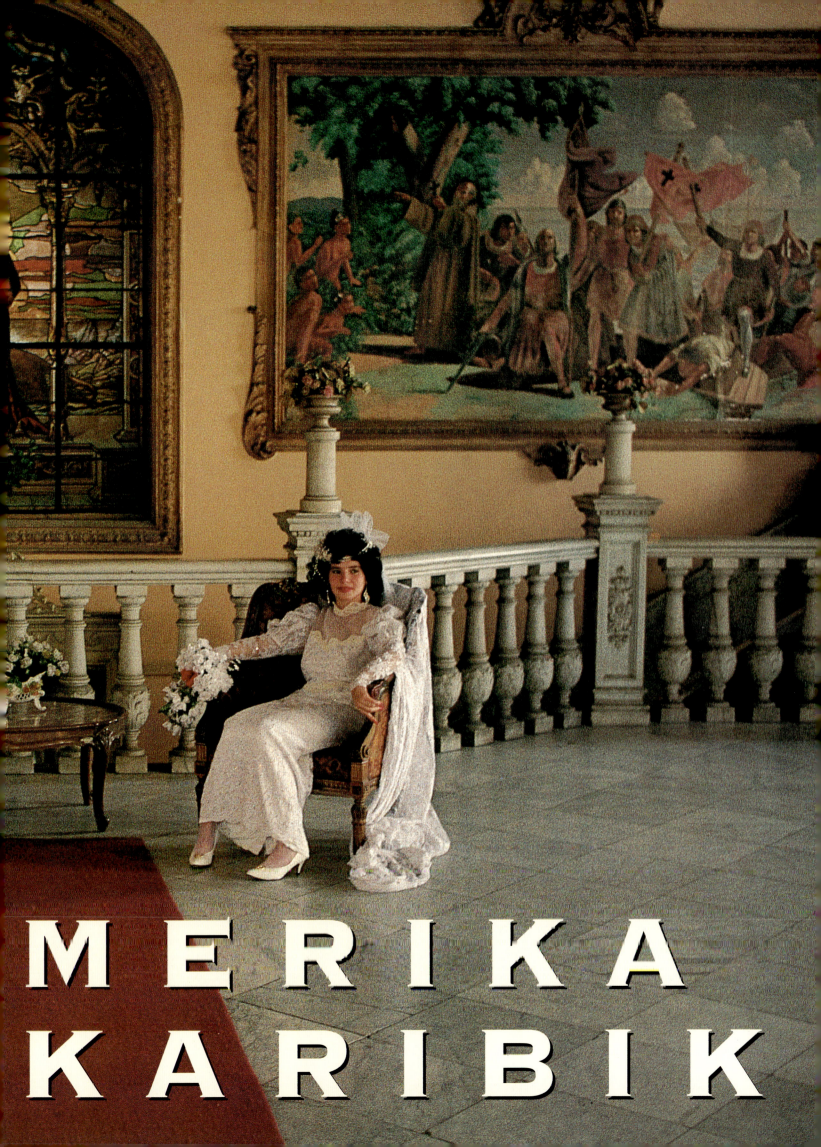

MEXIKO

Abstieg eines Aufsteigers
Guadalajara, Mexiko

Familie Castillo Balderas

Familienfoto: Peter Menzel

Fotos: Miguel Luis Fairbanks

PERSONEN AUF DEM FOTO

1. Ambrosio Castillo Cerda, 29, Vater
2. Carmen Balderas de Castillo, 25, Mutter
3. Cruz Castillo Balderas, 10, Sohn
4. Nayalit Castillo Balderas, 8, Tochter
5. Brenda Castillo Balderas, 7, Tochter
6. Marco Antonio Castillo Balderas, 5, Sohn

DER BESITZ DER FAMILIE

Im Vordergrund:
- Spielzeugpistole
- Sofa
- Fernsehgerät

Im Hof, von links, im Uhrzeigersinn:
- Schrank mit Kleidung
- Sofa
- Sessel (2)
- Topfpflanzen (7, auf der Mauer)
- Beistelltisch mit Decke und Figuren
- Schrank mit Nippes und Stereoanlage
- Tisch mit künstlichen Blumen
- Ventilator
- Lichtbogenschweißgerät (auf der Mauer)
- Kühlschrank mit Schale
- Tisch mit Miniweinfaß, Mixer, Mörser und Stößel
- Wasserflaschen (2, auf der Mauer)
- Waschmaschine
- Stereoboxen (2) mit Stierskulpturen
- Regal mit Stereoanlage, Tonbändern und Langspielplatten
- Tische (2) mit Stühlen (4), Geschirr, Gläsern und Töpfen
- Schrank mit Geschirr
- Bücherregal mit Mütze und Vase (hinter dem Geschirrschrank)
- Regal mit Musikkassetten
- Besen, Wanduhren (2), Schuhhalter mit Schuhen (6 Paar), Spiegel, Kalender, Bilder (2), Schutzmaske zum Schweißen
- Herd mit Töpfen und Pfannen
- Schrank mit Bügeleisen, Küchenutensilien und Vorräten
- Kommode mit Kosmetikartikeln
- Betten (3) mit Spielsachen

Auf dem Dach:
- Wäscheleine mit Wäsche Topfpflanzen (3) Fahrräder (3), Hund Teri

A

In dem von einer hohen Mauer umgebenen Hof der Familie Castillo Balderas spielt sich ein Großteil des Familienlebens ab. Dort stehen auch Ambrosios Arbeitsgeräte und Carmens Waschmaschine. Und hier gibt es das Trinkwasser aus einem Gartenschlauch, der provisorisch an eine Wasserleitung angeschlossen ist. Überdies ist der Hof für die Kinder ein sicherer Spielplatz in einer unsicheren Gegend. Cruz bespritzt gerade seine Schwestern mit einer Wasserpistole (A). An Schultagen frisiert Carmen den Kindern die Haare und wirft einen letzten prüfenden Blick auf ihre Kleidung (B).

MEXIKO

AUF EINEN BLICK

Fläche
1 958 201 km^2

Einwohnerzahl
91,8 Millionen

Bevölkerungsdichte
46,8 Menschen pro km^2

Kinderzahl pro Frau
3,2

Die Bevölkerung verdoppelt sich
in 26 Jahren

Anteil der städtischen/ländlichen Bevölkerung
71,3%/28,7%

Lebenserwartung
Frauen: 73,1 Jahre
Männer: 66,5 Jahre

Säuglingssterblichkeit
35 pro 1000 Geburten

Auf einen Arzt kommen
1850 Menschen

Anteil der Analphabeten
Frauen: 15%, Männer: 10%

Bruttosozialprodukt pro Kopf
3470 US-$

Rang auf der Entwicklungsliste der Uno
52

Das Öl machte Mexiko lange zum Aufsteiger — das Land war auf dem Weg in die „Erste Welt". Doch Mitte der achtziger Jahre endete der Höhenflug: Riesige Schuldenberge, sinkende Ölpreise, eine galoppierende Inflation und ein massives Bevölkerungswachstum bei ständig zunehmender Arbeitslosigkeit führten Mexiko in eine Finanzkrise. Seit einer massiven Abwertung des Pesos kann selbst die Mittelschicht kaum noch die Grundbedürfnisse befriedigen. Bitterste Armut herrscht vor allem im südlichen Bundesstaat Chiapas — Ursache für den bewaffneten Aufstand der „Zapatisten" im Januar 1994, die für die Rechte der indianischen Landbevölkerung und mehr Demokratie eintreten. Gleichzeitig wachsen die ökologischen Probleme: In der Hauptstadt Mexico City müssen die Menschen die wohl schlechteste Luft der Welt atmen.

B

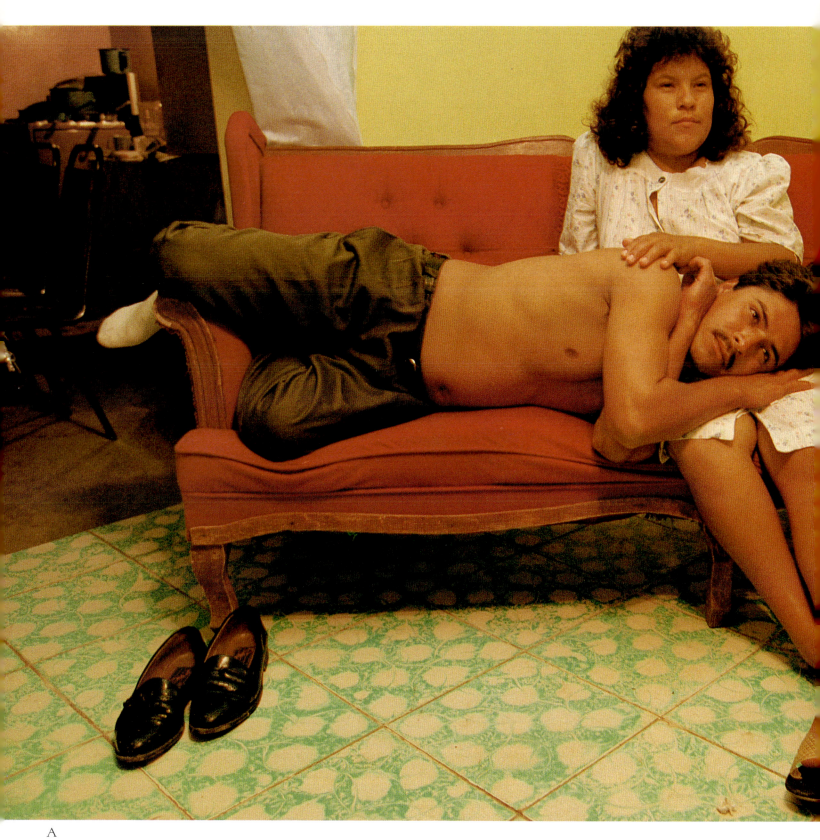

A

B

C

D

E

Ambrosio Castillo Balderas geht gegen vier Uhr morgens zur Arbeit und ist froh, wenn er den Abend einmal mit der Familie vor dem Fernseher verbringen kann (A). Er ist ständig auf den Beinen. Wenn er nicht an seinem Haus baut, verdient er sich nach Feierabend noch etwas als Schweißer dazu. Tagsüber arbeitet Ambrosio auf dem Großmarkt, wo er Lastwagen mit Karotten, Chillies, Eiern und Tomaten belädt (B). Die Kinder besuchen die Grundschule der „Mexikanischen Helden", benannt nach einer Gruppe von Kindern, die während der Revolution von 1910 gefallen sind. Der erste Tag im Kindergarten nimmt für Marco Antonio kurzzeitig tragische Dimensionen an, als seine Mutter gehen will (C). Carmen ist sehr ordnungsliebend und hat mit dem Haushalt genug zu tun (D). Mit ihren Kindern geht sie am Sonntag zu einem Gottesdienst der Zeugen Jehovas, denen die Familie angehört (E).

AUS DEM TAGEBUCH DES FOTOGRAFEN
MIGUEL LUIS FAIRBANKS

Als ich bereits fünf Tage bei der Familie Castillo Balderas verbracht hatte, sagte Ambrosio eines Abends zu mir: „Ich kann eigentlich immer noch nicht so recht glauben, daß ich diesem Projekt zugestimmt habe – das ist so untypisch für mich." Der zurückhaltende, fast ein wenig schüchterne Mann wollte auch nicht auf seiner Arbeitsstelle fotografiert werden. Seine Kollegen würden sich noch Wochen später über ihn lustig machen, meinte er. Dem konnte ich nicht gut widersprechen. Schließlich schlug ich vor, ich würde als eine Art Ablenkungsmanöver einfach auch seine Kollegen fotografieren und ihn nur als einen unter vielen. Das hat dann auch reibungslos funktioniert und zu Ambrosios großer Erleichterung schöpfte niemand Verdacht. Die Kinder dagegen waren von meiner Anwesenheit geradezu begeistert. Besonders gern hatten sie mich in der Schule dabei. So haben Carmen und ich auch Marco Antonio an seinem ersten Tag im Kindergarten begleitet. Er hat sich tapfer gehalten. Aber als seine Mutter gehen wollte, weinte er und wollte meine Hand nicht loslassen. Ob ich sein Vater sei, fragte die Lehrerin. „Nein", erwiderte ich, „nur ein Freund der Familie."

A

B

FAMILIE CASTILLO BALDERAS

Familienmitglieder
6

Größe der Wohnung
65 m² (zwei Schlafzimmer, Küche, Wohnzimmer)

Arbeitszeit pro Woche
36 Std. (Vater – Gelegenheitsarbeiten nicht mitgerechnet)
60 Std. (Mutter – im Haushalt)

Familie Castillo Balderas gibt 59% ihres Einkommens für Lebensmittel aus

Für Kleidung
28%

Zahl der
Stereoanlagen: 2, Telefone: 0,
Fernsehgeräte: 1, Videorecorder: 1,
Autos: 0

Der wertvollste Besitz
Fernsehgerät (für die ganze Familie)
Stereoanlage (für Vater)
Bibel (für Mutter)
Fahrrad (für älteren Sohn)

Sehnlichster Wunsch
Kleinlaster

Die Familie Castillo Balderas fährt mit dem Bus in die Innenstadt, wo ihre Kinder für das neue Schuljahr ausgestattet werden sollen (A). Bei einem gemütlichen Schaufensterbummel werden Schuhe und ein Schulranzen gekauft (links). Nach dem Konsumparadies müssen sich alle wieder an die unbefestigten und mit Schutt und Unrat übersäten Straßen ihres eigenen Stadtteils gewöhnen (B).

GUATEMALA

Die Waffen schweigen
San Antonio de Palopó, Guatemala

Familie Calabay Sicay

Fotos: Miguel Luis Fairbanks

PERSONEN AUF DEM FOTO

1. Vicente Calabay Pérez, 29, Vater
2. Lucia Sicay Choguaj, 25, Mutter
3. Mario Calabay Sicay, 8, Sohn
4. Olivia Calabay Sicay, 6, Tochter
5. Maria Calabay Sicay, 4, Tochter

DER BESITZ DER FAMILIE

Im Vordergrund, von links nach rechts:
- Bett
- Bild mit religiösen Darstellungen

Im Hintergrund, von links nach rechts:
- Schuhe (3 Paar)
- Spinnrad
- Spielsachen und Puppen (3)
- Großer Webstuhl mit Stoff und Hemden (von der Familie gewebt)
- Kleiner Webstuhl mit gewebter Decke
- Haus der Familie
- Stuhl (im Eingang)
- Macheten (3), Sichel, Tragetaschen (2), Kalender, Bilder (6) und Hut
- Tisch mit Decke, Radio/Kassettenrecorder, Vase, Töpfchen und Kinderstühlen (2)
- Beistelltische (2) mit kleiner Truhe, Haushaltsgegenständen und der Nationalflagge
- Separates Küchengebäude
- Brennholzvorrat
- Axt
- Thermosflasche, Sieb, Pfanne
- Kunststoffwanne, Rost, Becher
- Mahlsteine zum Mahlen von Mais
- Korb, Tongefäße (6)
- Landwirtschaftliche Geräte (4)

A

GUATEMALA

AUF EINEN BLICK

Fläche
108 889 km²

Einwohnerzahl
10,3 Millionen

Bevölkerungsdichte
94,8 Menschen pro km²

Kinderzahl pro Frau
5,4

Die Bevölkerung verdoppelt sich
in 24 Jahren

Anteil der städtischen/ländlichen Bevölkerung
38,5%/61,5%

Lebenserwartung
Frauen: 66,7 Jahre
Männer: 61,5 Jahre

Säuglingssterblichkeit
49 auf 1000 Geburten

Auf einen Arzt kommen
2270 Menschen

Anteil der Analphabeten
Frauen: 53%, Männer: 37%

Bruttosozialprodukt pro Kopf
980 US-$

Rang auf der Entwicklungsliste der Uno
108

Guatemala ist von 35 Jahren Bürgerkrieg gezeichnet. Rund 100 000 Menschen sind Krieg und staatlichem Terror zum Opfer gefallen. Mehr als 400 Dörfer wurden von der Armee dem Erdboden gleichgemacht. 40 000 Flüchtlinge leben noch immer in mexikanischen Auffanglagern. Über ein Jahrhundert lang hat die Armee — und mit ihr eine kleine Oberschicht von reichen Nachkommen europäischer Einwanderer — das Kaffeeland beherrscht. Die Mehrzahl der Bevölkerung sind Maya, etwa die Hälfte von ihnen ist arbeitslos oder unterbeschäftigt. Über 40 Prozent der Erwachsenen können weder lesen noch schreiben. Diese krassen sozialen Gegensätze waren immer wieder Ursache für erbitterte politische Auseinandersetzungen: Seit der Unabhängigkeit Guatemalas im Jahr 1821 ist es bislang über zwanzigmal zum gewaltsamen Sturz einer Regierung gekommen. Seit 1991 verhandeln Machthaber und sozialrevolutionäre Guerillakämpfer über ein Friedensabkommen. Zwar kommt es kaum noch zu offenen Kampfhandlungen, aber ein Waffenstillstand wurde noch immer nicht vereinbart. Dabei gibt es genügend andere Probleme für das Land: Die Weltmarktpreise für Kaffee sinken, die Bevölkerung vermehrt sich rasend, im Norden des Landes werden illegal wertvolle Tropenhölzer geschlagen — und der Drogenschmuggel boomt.

B

C

Weil es kein fließendes Wasser im Haus gibt, wäscht Mutter Lucia das Geschirr vor der Tür. Der Truthahn Jon Pipin sieht neugierig zu (A). Während Lucia Sicay Choguaj selbst gezogene Lauchzwiebeln für den Verkauf auf dem Markt von Sololá bündelt, hat sie Zeit für den Austausch von Neuigkeiten. Hinter ihr der Lago de Atitlán, ein vulkanischer See, der bei Touristen wegen seiner Schönheit und bei den Anwohnern wegen seines Fischreichtums beliebt ist (B). Wenn sie Zeit hat, webt Lucia auf dem kleineren der beiden selbstgebauten Webstühle Armbänder und Taschen (C). Auf dem größeren stellt ihr Mann Vicente Decken her. Die Töchter María und Olivia — mit ihren blonden Lieblingspuppen — und Sohn Mario schlafen unter einer solchen selbstgewebten Decke (D).

Nächste Doppelseite: Schon kurz nach Sonnenaufgang ist Vicente auf dem Weg zu seinem Garten am Seeufer. Sohn Mario und Santos Perez, der Vorsitzende der Kunsthandwerksgenossenschaft des Dorfes, begleiten ihn.

D

A

B

C

D

Die Familie nimmt den Frühbus nach Sololá, wo die Eltern auf dem Markt Geschirr kaufen wollen (A). Da die Bewohner des Dorfes San Antonio de Palopó der spanischsprechenden Polizei mißtrauen, haben 60 Maya nach dem noch unaufgeklärten Mord an einem Bewohner eine freiwillige Hilfspolizei auf die Beine gestellt (B). Auf die Confradia de San Antonio del Monte, die dem Schutzheiligen ihres Dorfes geweihten Gegenstände, achten die Familien reihum (C). Der Mercado, der lokale Markt, ist für alle ein beliebter Treffpunkt (D).

FAMILIE CALABAY SICAY

Familienmitglieder
5

Größe der Wohnung
20 m² (Haus mit einem Raum und separater Küche /10 m²)

Arbeitszeit pro Woche
60 Std (Vater)
„immer" (Mutter)

Familie Calabay Sicay gibt 66% ihres Einkommens für Lebensmittel aus

Zahl der
Radios: 1, Telefone: 0,
Fernsehgeräte: 0, Autos: 0

Der wertvollste Besitz
Tragbarer Kassettenrecorder (für Vater)
Heiligenbild, Bibel (für Mutter)
Puppen (für Töchter)
Fußball (für Sohn)

Dinge, welche die Familie gern noch hätte
Fernsehgerät, Töpfe und Pfannen, Küchentisch

Sehnlichster Wunsch
„Am Leben bleiben" (Vater)

AUS DEM TAGEBUCH DES FOTOGRAFEN

MIGUEL LUIS FAIRBANKS

In San Antonio de Palopó leben Cakchiquels, eine der 22 in Guatemala heimischen Maya-Gruppen. Der Ort lädt zum Fotografieren förmlich ein: ein Dorf, das sich bis ans Ufer des wunderschönen Atitlan-Sees erstreckt, und mit Mais und Zwiebeln bepflanzte terrassierte Felder an einem Hang über den Lehmhäusern. Mein größtes Problem ergab sich aus der Abneigung der Maya, sich auf Ausländer und deren Kameras einzulassen. Zum Glück bin ich Santos Perez, dem Vorsitzenden der örtlichen Kunsthandwerksgenossenschaft begegnet. Er hat nicht nur unser Projekt gefördert, sondern auch gelegentlich als Dolmetscher fungiert, denn ich spreche zwar Spanisch, mußte beim Cakchiquel-Dialekt aber passen. Die Calabay Sicays haben ihre Bedenken beiseite geschoben und mich freundlich aufgenommen. Unter einer Bedingung: Ich mußte jeden Nachmittag um fünf Uhr meine Sachen packen. Einbrecher hatten unlängst ganz in der Nähe einen Mann ermordet, und die Familie wollte bei den „bandidos" nicht den Eindruck erwecken, ich sei mit meiner wertvollen Fotoausrüstung bei ihnen abgestiegen. Wie schon in Mexiko und Brasilien wurden auch hier nahezu die gleichen Dinge als wertvollster Besitz angegeben: Die Männer nannten Unterhaltungselektronik, die Frauen Devotionalien und die Kinder Spielzeug. Dabei ist mir eingefallen, daß die Stereoanlage auch mein liebstes Spielzeug ist. Und daß wir Menschen wohl doch nicht so verschieden sind.

KUBA

Ende eines Experiments?
Havanna, Kuba

Familie Costa

Familienfoto: Peter Menzel

Fotos: Philippe Diederich

PERSONEN AUF DEM FOTO

1. Euripides Costa Cairo, 75, Vater
2. Angelina Allouis Gallert, 65, Mutter
3. Eulina Costa Allouis, 35, Tochter
4. Iris García Costa, 7, deren Tochter
5. Jesus Javier García Costa, 8, deren Sohn
6. Montecristi García Moreira, 40, Eulinas Mann
7. Sandra Reymond Mundi, 31, Frau von Ramon
8. Ramon Costa Allouis, 32, Sohn
9. Lisandra Costa Reymond, 8, deren Tochter
   Ein paar Nachbarn

DER BESITZ DER FAMILIE

Auf der Veranda, von links nach rechts:
- Topfpflanze
- Büfett mit Fernsehgeräten (2), Stereoanlage, Boxen und Foto von Fidel Castro
- Aktenschrank
- Kühlschrank mit Vase
- Laterne

Auf dem Gehweg, von links nach rechts:
- Topfpflanzen (4)
- Hunde (2)
- Bilder der Kinder (3)
- Stühle (2)
- Schaukelstuhl
- Tisch mit Kochplatte und Topf
- Zweiter Kühlschrank mit Krug und Gläsern
- Spiegel
- Fahrräder (4)

Auf der Straße, von vorn nach hinten:
- Schaukelstühle (2)
- Sofa
- Topfpflanzen (3)
- Tisch mit Stühlen (2), Geschirr und Besteck
- Beistelltisch
- Bügelbrett und Bügeleisen
- Anrichte mit Figuren und künstlichen Blumen
- Geschirrschrank
- Nähmaschinen (2)
- Tisch mit Stühlen (3), Geschirr und Vase
- Sofa
- Bett mit Radio/Kassettenrecorder
- Nachttische (2) mit Ventilatoren (2)
- Tisch mit Kunststoffstühlen (3, 3. Stuhl nur im kleinen Foto zu sehen), Vase, Gläsern und Aschenbecher
- Kinderbetten (3) mit Puppen
- Nachttische (2) mit Lampe und Radio/Kassettenrecorder
- Ventilator
- Gartenstühle (4, 4. Stuhl nur im kleinen Foto zu sehen)

A

KUBA

AUF EINEN BLICK

Fläche
110 861 km²

Einwohnerzahl
10,9 Millionen

Bevölkerungsdichte
99,2 Menschen pro km²

Kinderzahl pro Frau
1,9

Die Bevölkerung verdoppelt sich
in 65 Jahren

Anteil der städtischen/ländlichen Bevölkerung
72,8%/27,2%

Lebenserwartung
Frauen: 77,6 Jahre
Männer 73,9 Jahre

Säuglingssterblichkeit
14 auf 1000 Geburten

Auf einen Arzt kommen
270 Menschen

Anteil der Analphabeten
Frauen: 7%, Männer: 5%

Bruttosozialprodukt pro Kopf
1370 US-$

Rang auf der Entwicklungsliste der Uno
89

Zuckerrohr war einst Kubas größter Reichtum. Die USA erkämpften 1898 Kubas Unabhängigkeit von der Kolonialmacht Spanien — aber nur, um selbst von den Schätzen der Insel zu profitieren. 1959 erkämpften revolutionäre Guerilleros unter der Führung Fidel Castros die Macht in Havanna. Washington antwortete mit einem bis heute eingehaltenen Handelsembargo. In den folgenden 30 Jahren baute sich Kuba, unterstützt von der Sowjetunion, unter anderem das beste Schul- und Gesundheitswesen Lateinamerikas auf. Doch seit der Einstellung der „brüderlichen" Sowjethilfe nach dem Zusammenbruch der UdSSR verarmt Kuba rapide. Im Sommer 1994 ließen Flüchtlingswellen übers Meer Zehntausende von Exilkubanern in den USA auf den Zusammenbruch des Castro-Regimes hoffen — bislang vergebens.

B

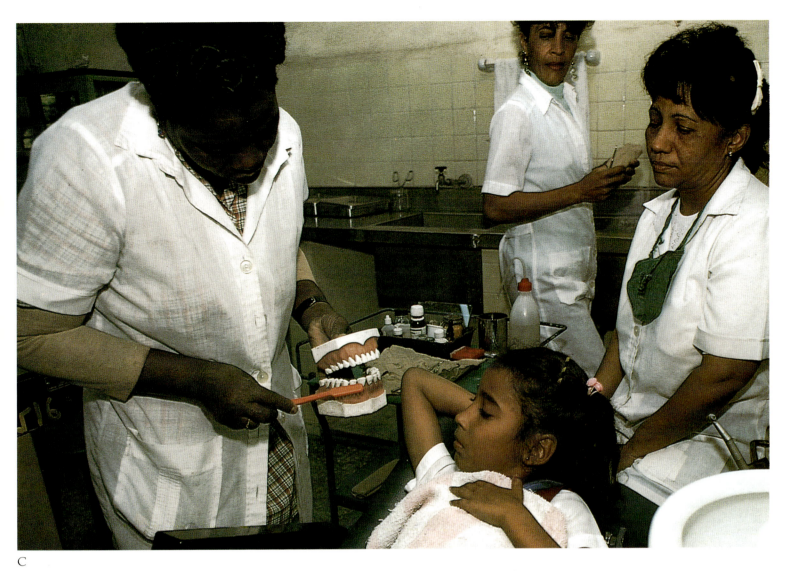

Euripides Costa Cairo trägt eine Büste des kubanischen Volkshelden José Martí zum Büro der Kommunistischen Partei zurück, wo er sie sich ausgeliehen hatte. Er wollte nicht, daß der Gipskopf mit aufs Familienfoto kommt (A). Schulalltag: Die Kinder nehmen nach dem Unterricht an Arbeitsgemeinschaften teil; Javier geht zum Schwimmen, Iris zur Gymnastik, und die zukünftige Synchronschwimmerin Lisandra macht am Rand des Schwimmbeckens Trockenübungen (B). In der Cuidad-Libertad-Gesamtschule haben die Schüler Anrecht auf freie ärztliche und zahnärztliche Versorgung in Kliniken, die der Schule angegliedert sind. Zwei- bis dreimal im Jahr geht Lisandras Klasse zu einer vorbeugenden Fluorbehandlung (C). In der Schule bekommen die Kinder auch ein Mittagessen (D).

A

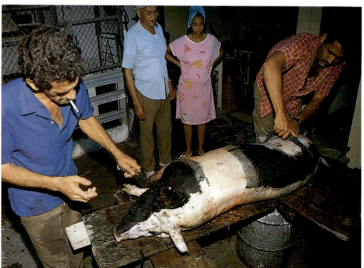

B

Am Abend schaut sich die Familie in Montecristis Wohnung das Fernsehprogramm an (A). Die Feste werden gefeiert, wie sie fallen, dafür wird auf dem Hof ein Schwein geschlachtet (B). Jeden Morgen um 8.00 Uhr bringt Sandra García Moreira ihre Tochter und ihre Nichte zur Schule (C). Bauingenieur Montecristi García Moreira, der das Haus der Familie in drei Wohnungen aufgeteilt hat, findet heute kaum noch Arbeit, mit kleinen Reparaturen in der Nachbarschaft bessert er die Haushaltskasse auf (D).

C

D

FAMILIE COSTA

Familienmitglieder
9

Größe der Wohnung
130 m²
(Haus in drei Haushalte unterteilt
1. Haushalt: Wohnzimmer,
Eßzimmer, Schlafzimmer, Küche;
2. Haushalt: Wohnzimmer,
2 Schlafzimmer;
3. Haushalt: Wohnzimmer,
2 Schlafzimmer, Küche)

Arbeitszeit pro Woche
0 Std. (Vater – Rentner)
72 Std. (Sohn)
40 Std. (Frau des Sohnes)
40 Std. (Tochter – z.Zt. arbeitslos)
60 Std. (Mann der Tochter)

Zahl der
Radios: 3 (eins pro Haushalt),
Stereoanlagen: 2 (je eine in den Haushalten von Sohn und Tochter),
Telefone: 0, Fernsehgeräte: 3
(eins pro Haushalt), Videorecorder: 1,
Fahrräder: 4, Autos: 0

Der wertvollste Besitz
Die Familie (gilt für alle Mitglieder)

Sehnlichster Wunsch
Auto, Videospiel

AUS DEM TAGEBUCH DES FOTOGRAFEN
PHILIPPE DIEDERICH

Die Zusammenarbeit mit den kubanischen Regierungsstellen erwies sich zuerst als äußerst problematisch. Nach einer Unzahl von Briefen, Telefonaten und Bittgängen aber gaben sie uns ihren Segen. Danach öffneten sich alle Türen wie durch Zauberei. Am überwältigendsten war die Herzlichkeit und Gastfreundschaft der Familie. Sie kann zwar immer genug Reis und Bohnen auf den Tisch bringen, muß aber viel Zeit für die Suche nach ein wenig Fleisch oder Fisch verwenden. Trotzdem haben Eulina und Sandra mich bei jeder Mahlzeit gedrängt: „Nimm doch noch. Sei nicht so bescheiden!" Es hat ihnen nichts ausgemacht, mit mir über ihren schwierigen Alltag zu sprechen, doch wenn im Haushalt etwas reparaturbedürftig war (wie zum Beispiel der Kühlschrank), haben sie es mich nicht fotografieren lassen. Das ließ ihr Stolz nicht zu. Als Peter Menzel und ich den Besitz der Costas für das Familienfoto aufstellten, drohte es zu regnen. Bei dem Gedanken an Wasserschäden war mir besonders unwohl, weil ich wußte, daß die Familie sich aus lauter Höflichkeit nicht beklagen würde. Als wir endlich fertig waren, verstaute sie alles wieder blitzschnell. Danach konnten wir endlich entspannen. Wie nicht anders zu erwarten, wurde eine kleine Feier mit reichlich Rum und Salsamusik daraus.

HAITI

Im Herzen der Finsternis
Maissade, Haiti

Familie Delfoart

Familienfoto: Robb Kendrick

Fotos: Robb Kendrick / Shawn G. Henry

PERSONEN AUF DEM FOTO

1. Dentes Delfoart, 54, Vater
2. Madame Dentes Delfoart, 40, Mutter (verzichtet seit der Heirat auf ihren Vornamen)
3. Jean Donne Delfoart, 18, Sohn
4. Lucianne Delfoart, 15, Tochter
5. FiFi Delfoart, 14, Tochter
6. Soifette Delfoart, 8, Sohn

DER BESITZ DER FAMILIE

Im Vordergrund, von links nach rechts:
- Schubkarre
- Bett
- Machete
- Stühle (3)
- Ziege
- Satteltaschen für Esel und Hirsetasche
- Spielzeugauto
- Schuhe (4 ½ Paar)
- Bett mit Kleidung, Bettzeug und Kissen
- Stößel und Hacke
- Stuhl mit Kleid und Handtuch

Im Hintergrund, von links nach rechts:
- Schrank mit Gläsern (19), Bechern (21), Topf, Tassen (2), Plastikkrug und Fliegenschutzhauben (3)
- Vorratshütte auf Pfählen
- Bett mit Plastikkorb
- Muli
- Huhn
- Esel mit Sattel
- Stühle (2) mit Plastikschüssel und Mop
- Mörser und Stößel
- Eimer
- Plastikschüssel
- Tische (2) mit Geschirr, Kaffeekanne, Petroleumlampe, Wasserbehälter und Hüten (4)
- Stühle (2) mit Kisten

129

A

B

C

HAITI

AUF EINEN BLICK

Fläche
27 700 km²

Einwohnerzahl
6,4 Millionen

Bevölkerungsdichte
234,3 Menschen pro km²

Kinderzahl pro Frau
4,8

Die Bevölkerung verdoppelt sich
in 33 Jahren

Anteil der städtischen/ländlichen Bevölkerung
30,3%/69,7%

Lebenserwartung
Frauen: 47 Jahre
Männer: 43 Jahre

Säuglingssterblichkeit
86 auf 1000 Geburten

Auf einen Arzt kommen
7140 Menschen

Anteil der Analphabeten
Frauen: 52,6%, Männer: 40,9%

Bruttosozialprodukt pro Kopf
370 US-$

Rang auf der Entwicklungsliste der Uno
137

Haiti, einst reichste Kolonie der Neuen Welt, erkämpfte nach einem blutigen Sklavenaufstand 1804 als einer der ersten Staaten der westlichen Hemisphäre seine Unabhängigkeit. Ständige Bürgerkriege führten 1915 zum Eingreifen der USA, die sich erst 1947 zurückzogen. Der 1957 ins Präsidentenamt gewählte François „Papa Doc" Duvalier verwandelte das Land in einen Polizeistaat, den er bis zu seinem Tod 1971 diktatorisch regierte und kaputtwirtschaftete. Nach einem Interregnum übernahm die Armee die Macht, brachte statt der versprochenen Reformen aber nur neue Unterdrückung. Den 1991 demokratisch zum Präsidenten gewählten Priester Jean-Bertrand Aristide trieb das Militär gleich wieder ins amerikanische Exil. Erst eine relativ friedliche Besetzung durch US-Truppen führte im Herbst 1994 zu seiner Wiedereinsetzung. Doch die Probleme bleiben: Heute zählt Haiti zu den ärmsten Staaten der Erde.

Der achtjährige Suisette fährt einen Freund in der Schubkarre herum (A). Sein Vater Dentes ist 54 Jahre alt und erwartet für sein Leben keine großen Veränderungen mehr. Durch Gelegenheitsarbeiten verdient er ab und zu etwas Geld. Dann kauft die Familie, was gerade besonders nötig ist. Schon wegen der ständig steigenden Preise kann Dentes sich eine bessere Zukunft für seine Kinder nicht vorstellen (B). An besonders bedrückenden Tagen gibt ihr baptistischer Glaube der Familie Kraft. Sie betet vor den Mahlzeiten und beherbergt manchmal einen der vielen haitianischen Wanderprediger (C). Die warmen Mahlzeiten werden in der Küchenhütte gekocht. So hat man Qualm und Ruß aus dem Wohnbereich verbannt. Das Feuer brennt täglich drei bis vier Stunden lang. Zu ihrem Glück wohnt die Familie in einer Gegend, in der der Wald noch nicht abgeholzt ist. An Brennholz herrscht vorerst kein Mangel (D).

D

B

Alle Schulbücher sind im Laufe der Jahre durch viele Hände gegangen. Die Seiten von Soifettes Lesebuch für die dritte Klasse sind so abgegriffen, daß sie nahezu durchsichtig sind. Doch für ihn ist dieses schäbige Buch ein kostbarer Schatz (A). Im einzigen Klassenzimmer der Schule werden Schüler im Alter von sechs bis 18 Jahren unterrichtet. Die Schulbücher sind auf französisch, der zweiten offiziellen Landessprache. Drei der Delfoart-Kinder können die Sprache schon ein wenig. Ihre Eltern sprechen nur Kreolisch (B). Die 14jährige, leicht lernbehinderte FiFi geht nicht in die Schule. Statt dessen hilft sie zu Hause, stampft Getreide im Mörser, holt Wasser vom Brunnen und scheuert die Kochtöpfe mit Sand (C).

A   C

A

FAMILIE DELFOART

Familienmitglieder
6

Größe der Wohnung
30 m² (3 Gebäude:
2-Zimmer-Haupthaus,
Küchengebäude,
Vorratsschuppen)

Arbeitszeit pro Woche
60 Std. (Vater)
55 Std. (Mutter)
30 Std. (jedes Kind)

Familie Delfoart gibt
80% ihres Einkommens
für Lebensmittel aus

Zahl der
Radios: 0, Telefone: 0,
Fernsehgeräte: 0, Videorecorder: 0,
Autos: 0

Der wertvollste Besitz
Nichts (für Vater und Mutter)

AUS DEM TAGEBUCH DES FOTOGRAFEN
ROBB KENDRICK

Dentes Delfoart und seine Frau, selbst Analphabeten, hätten sich für ihre Kinder etwas Besseres gewünscht. Drei ihrer Nachkommen haben zwar lesen gelernt, doch ihre Zukunftsaussichten sind nicht viel besser als die der Eltern. Mich hat die Familie überaus freundlich aufgenommen, obwohl mein amtlicher Dolmetscher ihr zu Beginn mit der Ankündigung angst machte, die Zusammenarbeit mit mir werde das Interesse der Militärs und der Tontons Macoutes (der Todesschwadronen aus unseligen Duvalier-Zeiten) wecken. Es erwies sich zum Glück als leere Drohung, sorgte aber für einige Aufregung. Auf dem Rückweg nach Port-au-Prince bekam der Übersetzer seine Strafe. Wir wurden von einem Armee-Jeep gestoppt und mit vorgehaltener Waffe durchsucht. Da wir nichts Verbotenes dabeihatten, durften wir die Fahrt fortsetzen. Uns allen war ein gehöriger Schreck in die Glieder gefahren. Die meiste Angst aber hatte der Dolmetscher. Und so wenig menschenfreundlich es auch klingen mag: Ich habe es als ausgleichende Gerechtigkeit empfunden.

B

Jeden Donnerstag ist Markttag in Maïssade, der Stadt am Canot im Zentrum Haitis, an deren Peripherie die Familie Delfoart wohnt. Bevor das Ehepaar sich auf den Weg macht, bringt Dentes auf dem Hof des Hauses die allwöchentliche Trockenrasur mit Hilfe einer Rasierklinge hinter sich (A). Dann streift er sich seinen besten Pullover über und setzt einen Strohhut auf. Seine Frau trägt Hirse und Bananen zum Verkauf oder auch zum Tausch in die Stadt. Auf dem großen, gut organisierten Markt ist Raum für die verschiedensten Aktivitäten — auch für das Glücksspiel, das die jungen Männer wie magisch anzieht (B). An diesem Vormittag sind viele Menschen unterwegs, die auf dem Markt kaufen und verkaufen wollen (rechts).

ARGENTINIEN

Versuch eines Comebacks
Salta, Argentinien

Familie Carballo

Familienfoto: Peter Ginter

Fotos: Diego Goldberg

PERSONEN AUF DEM FOTO

1. Juan Carlos Carballo, 42, Vater
2. Marta Elizabeth Inigua, 31, Mutter
3. Nahuel Carballo, 9, Sohn
4. Maria Belén Carballo, 8, Tochter
5. Maria Pia Carballo, 6, Tochter

DER BESITZ DER FAMILIE

Im Vordergrund, von links nach rechts:
- Topfpflanzen (8)
- Tisch mit Stühlen (3) und silbernem Geschirr
- Schuhe (20 Paar)
- Nähmaschine

Im Hintergrund, von links nach rechts:
- Schreibtisch
- Betten (3)
- Stehlampe
- Tisch mit Stühlen (4) und Geschirr
- Regal mit Nippes
- Schrank mit Kleidung
- Kommode mit Stereoanlage und Fernsehgerät
- Kühlschrank
- Waschmaschine
- Boxen
- Klavier
- Portraitaufnahme (von Juan Carlos gemacht)

- Stühle (6) mit Puppen und Plüschtieren
- Beistelltisch mit Zeitschriften
- Teppich
- Anrichte mit Gläsern und Geschirr
- Sofa
- Büfett mit Gläsern und Geschirr

- Haus der Tante (gelbes Gebäude), das die Carballos mitbewohnen

A

Jungvermählte küssen einander im Stadtpark von Salta, und Juan Carlos drückt im richtigen Moment auf den Auslöser. Er ist Fotograf, und seine Frau Marta Elizabeth macht Videos. Sie haben an diesem Samstag schon früh eine Hochzeit in der griechisch-orthodoxen Kirche fotografiert (A). Beide sind gläubige Katholiken und besuchen am Sonntag mit ihren Kindern die Messe in der Kathedrale von Salta (B). Da es nicht genug Fotoaufträge gibt, bleibt Marta für die Hausarbeit mehr Zeit, als ihr lieb ist. Manchmal hilft die sechsjährige Maria Pia (C). Marta ist keine begeisterte Köchin und kauft auch nicht sonderlich gern ein. An diesem Tag gibt es Mais mit Käse und Fleischklößchen sowohl zum Mittag- wie zum Abendessen (D).

FAMILIE CARBALLO

Familienmitglieder
5

Größe der Wohnung
3 Zimmer und Terrasse im Haus von Martas Tante (110 m²)

Arbeitszeit pro Woche
30 – 35 Std. (Vater)
40 Std. (Mutter, inklusive 16 Std. als Fotografin)

Familie Carballo gibt 25% ihres Einkommens
für Lebensmittel aus

Für Kleidung und Hausrat
25%

Vom Einkommen werden gespart
0%

Zahl der
Radios: 1, Telefone: 3,
Fernsehgeräte: 1, Videorecorder: 1,
Videospiele: 1, Autos: 0

Der wertvollste Besitz
Fotolabor (für Vater)
Familiensilber (für Mutter)
Videospiel (für Sohn)
Teddybär (für ältere Tochter)
Puppenkarre (für jüngere Tochter)

B

C

D

ARGENTINIEN

AUF EINEN BLICK

Fläche
2 780 400 km²

Einwohnerzahl
33,8 Millionen

Bevölkerungsdichte
12,1 Menschen pro km²

Kinderzahl pro Frau
2,8

Die Bevölkerung verdoppelt sich
in 63 Jahren

Anteil der städtischen/ländlichen Bevölkerung
86,9%/13,1%

Lebenserwartung
Frauen: 74,8 Jahre
Männer: 68,1 Jahre

Säuglingssterblichkeit
29 auf 1000 Geburten

Auf einen Arzt kommen
330 Menschen

Anteil der Analphabeten
Frauen: 5%, Männer: 4%

Bruttosozialprodukt pro Kopf
6050 US-$

Rang auf der Entwicklungsliste der Uno
37

Im 19. Jahrhundert war Argentinien für viele Europäer ein Land der Träume, in dem steinreiche Viehzüchter ihre riesigen Ländereien vom Pferdesattel aus inspizierten. Hunderttausende wanderten dorthin aus. Sie erschlossen die Pampa, vertrieben die Indianer, machten das Land zum weltgrößten Exporteur von Rindfleisch und Mais und errichteten einen modernen Staat nach europäischem Vorbild. Gemessen am Lebensstandard, zählte Argentinien um 1910 zu den zehn führenden Staaten der Erde. Allerdings nicht lange. Politische Gewalt und korrupte Regierungen ruinierten das Land. Erst 1983 endete die dunkelste Epoche: die Militärdiktatur, während der Tausende politischer Gegner ermordet wurden. Seither wagen die Argentinier erfolgreich das Experiment der Demokratie – und Europäer entdecken das Land auch wieder. Nun nicht als neue Heimat, sondern als Reiseziel. Denn Argentinien ist ein Naturereignis: mit tropischen Urwäldern, turmhohen Gletscherzungen, langen Sandstränden, sturmdurchfegten Weiten und hohen Bergen. Und mit Buenos Aires, durch dessen Zentrum man auch nachts gefahrloser schlendern kann als durch fast alle anderen Großstädte.

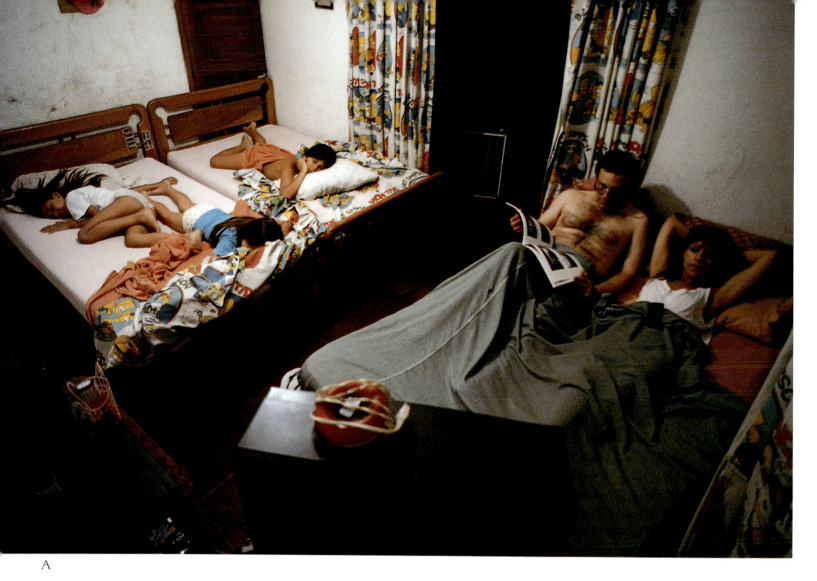

A

Obwohl die Zeiten schwer sind, versucht die Familie Carballo, ihr normales Familienleben weiterzuführen. Doch mußte sie zusammenrücken, und im Haus von Martas Tante hat sie nur ein gemeinsames Schlafzimmer (A). Die achtjährige María Belén planscht im Swimmingpool von Verwandten und freut sich, daß ihre zweieinhalb Monate langen Sommerferien noch nicht vorüber sind (B). Besonders fröhlich geht es an einem Sonntag nachmittag im Landhaus von Martas Tante Tati und Onkel Miguel zu, die im Kreis der Familie ihren 42. Hochzeitstag feiern. Im Anschluß an das traditionelle Grillen hüllt die Tante sich in ein improvisiertes Hochzeitskleid und schneidet zusammen mit ihrem Mann den Hochzeitskuchen an (C). Juan Carlos Carballo lädt jeden Abend seinen Revolver, um gegen Einbrecher geschützt zu sein. Da er wegen der Kinder keine geladene Schußwaffe herumliegen lassen will, wird sie morgens wieder gesichert (D).

B

C

AUS DEM TAGEBUCH DES FOTOGRAFEN
DIEGO GOLDBERG

Die Familie Carballo fühlte sich in Argentinien nicht besonders wohl. 1988 wanderten die Carballos nach Bolivien aus, wo es ihnen gutging, doch das Heimweh trieb sie wieder nach Hause. Seither ist ihr Leben ein ständiges Auf und Ab. Zweimal ist bereits bei ihnen eingebrochen worden; sie mußten sich finanziell einschränken und sind häufig umgezogen. Die Carballos sind nicht wirklich arm — immerhin konnten sie gestohlene Geräte wie Fernsehgerät, Stereoanlage und Videorecorder ersetzen. Momentan sind sie bei ihrer Tante Marta untergeschlüpft. Ich komme selbst aus Argentinien und weiß, wie kompliziert der Alltag bei hoher Arbeitslosigkeit und staatlichen Sparmaßnahmen geworden ist. Carlos hatte große Hoffnungen in ein teures Filmentwicklungsgerät gesetzt, doch er bekam wenig Aufträge. Später hörte ich, daß er sich mit dem Gedanken trägt, das Gerät zu verkaufen und mit der Familie wieder nach Bolivien zu ziehen. Für mich als Fotograf war es ein wenig seltsam, für dieses Buch ausgerechnet zwei Fotografen und deren Familie zu portraitieren. Ich hoffe, alles wendet sich zum Guten für sie.

D

BRASILIEN

Gigant am Amazonas
São Paulo, Brasilien

Familie de Goes
Familienfoto: Peter Ginter

Fotos: Miguel Luis Fairbanks

PERSONEN AUF DEM FOTO

1. Sebastião Alves de Goes, 35, Vater
2. Maria dos Anjos Ferreira, 29, Mutter
3. Eric Ferreira Santos de Goes, 7, Sohn
4. Ewerton Ferreira de Goes, 7, Sohn
5. Elaine Ferreira de Goes, 6, Tochter
6. Priscila de Goes, 6 Monate, Tochter

DER BESITZ DER FAMILIE

Von links, im Uhrzeigersinn:
- Haus
- Küchenschrank mit Mixer, Vorratsdosen und Tellern
- Kehrschaufel, Besen, Schürze und Leiter
- Schuhe des Vaters (3 Paar)
- Schrank mit Kleidung, Schuhkartons, Spiegel, Badezimmerutensilien und Ventilator
- Kühlschrank (auf der Baustelle nebenan)
- Tisch mit Stühlen (4), Tischtuch, Kanne, Vase, Tellern und Besteck
- Etagenbetten (2)
- Sofa (zwischen den Betten)
- Herd mit Töpfen, Pfannen und Propangasflasche
- Bügelbrett und Bügeleisen
- Kinderbett
- Schrank mit Büchern, Vasen und Radio/Kassettenrecorder
- Hemd, Jeansjacke und Decke auf der Wäscheleine
- Stereoanlage mit Langspielplatten und Boxen (2)
- Bett mit Spielsachen und Puppen
- Schuhe (6 Paar)
- Fernsehgerät
- Sofa
- Statue der Jungfrau von Guadalupe

A

Obwohl die Familie bis jetzt nie beraubt wurde, geht Maria dos Anjos Ferreira nur ungern zu Fuß durch ihren Stadtteil, den sie für gefährlich hält. „Es gibt zuviel Gewalt und Korruption auf der Welt", sagt sie. Sie vertraut auf Gott und hofft auf eine bessere Zukunft für ihre Kinder (A). Die Statue der Heiligen Jungfrau von Guadalupe und die Devotionalien auf dem Tisch im Schlafzimmer sind ihr wertvollster Besitz (B). Um kein Risiko einzugehen, bringt Maria die Zwillinge Eric und Ewerton jeden Morgen mit dem Bus zur Schule (C). Liebster Besitz des siebenjährigen Ewerton ist seine Spielzeugpistole (D).

<u>Nächste Doppelseite</u>: Maria hat Waschtag und unterhält sich mit ihrer Schwester Magna, die häufig zu Besuch kommt. Vor dem Haus spielen Kinder Fußball.

FAMILIE DE GOES

Familienmitglieder
6

Größe der Wohnung
102 m²
(2 Schlafzimmer, Wohnzimmer, Küche, Bad)

Arbeitszeit pro Woche
60 Std. (Vater)
„Immer" (Mutter)

Familie de Goes gibt 55% ihres Einkommens für Lebensmittel aus

Für das Auto
15%

Vom Einkommen wird gespart
0%

Zahl der
Radios: 1, Telefone: 0,
Stereoanlagen: 1, Fernsehgeräte: 1,
Videorecorder: 1, Autos: 1

Sehnlichster Wunsch
Besseres Auto, bessere
Stereoanlage, bessere Wohnung
(Vater und Mutter)

B

C

D

BRASILIEN

AUF EINEN BLICK

Fläche
8 511 996 km²

Einwohnerzahl
159 Millionen

Bevölkerungsdichte
18,6 Menschen pro km²

Kinderzahl pro Frau
2,7

Die Bevölkerung verdoppelt sich
in 42 Jahren

Anteil der städtischen/ländlichen Bevölkerung
75,5%/24,5%

Lebenserwartung
Frauen: 69,1 Jahre
Männer: 63,5 Jahre

Säuglingssterblichkeit
57 auf 1000 Geburten

Auf einen Arzt kommen
670 Menschen

Anteil der Analphabeten
Frauen: 20%, Männer 17%

Bruttosozialprodukt pro Kopf
2770 US-$

Rang auf der Entwicklungsliste der Uno
63

Brasilien, das größte Land Südamerikas, ist eine multikulturelle Nation von gewaltigen Dimensionen. Auf seinem Boden verzweigt sich das wasserreichste Flußsystem, wächst der größte tropische Regenwald der Erde. Die Hälfte aller bekannten Tier- und Pflanzenarten weltweit, so wird geschätzt, lebt im riesigen Amazonasbecken. Durch das Wirtschaftswachstum der sechziger und siebziger Jahre wurde Brasilien zur achtgrößten Wirtschaftsnation der Erde. Doch es bleibt ein Land der Gegensätze: Dem eher rückständigen, noch auf Feudalstrukturen aufgebauten Nordosten stehen die prosperierenden Staaten des Südens gegenüber — hoffnungslose Rückständigkeit neben Inseln modernster Technologie. Die Zukunft des Landes ist ungewiß: So gefährden staatlich geförderter Raubbau im Urwald und extensive Brandrodung die biologische Schatzkammer Amazonien — und damit auch das Weltklima. Immense Schuldenberge, aufgehäuft von früheren Militärregierungen, halten die Inflation hoch und bremsen die wirtschaftliche Entwicklung. Die Kluft zwischen Arm und Reich wächst ständig. Seit 1985 wird Brasilien demokratisch regiert, doch die zivilen Regierungen haben den meisten Einwohnern keine Lebensverbesserungen gebracht: Über die Hälfte lebt weiterhin in Armut, mehr als ein Viertel im Elend.

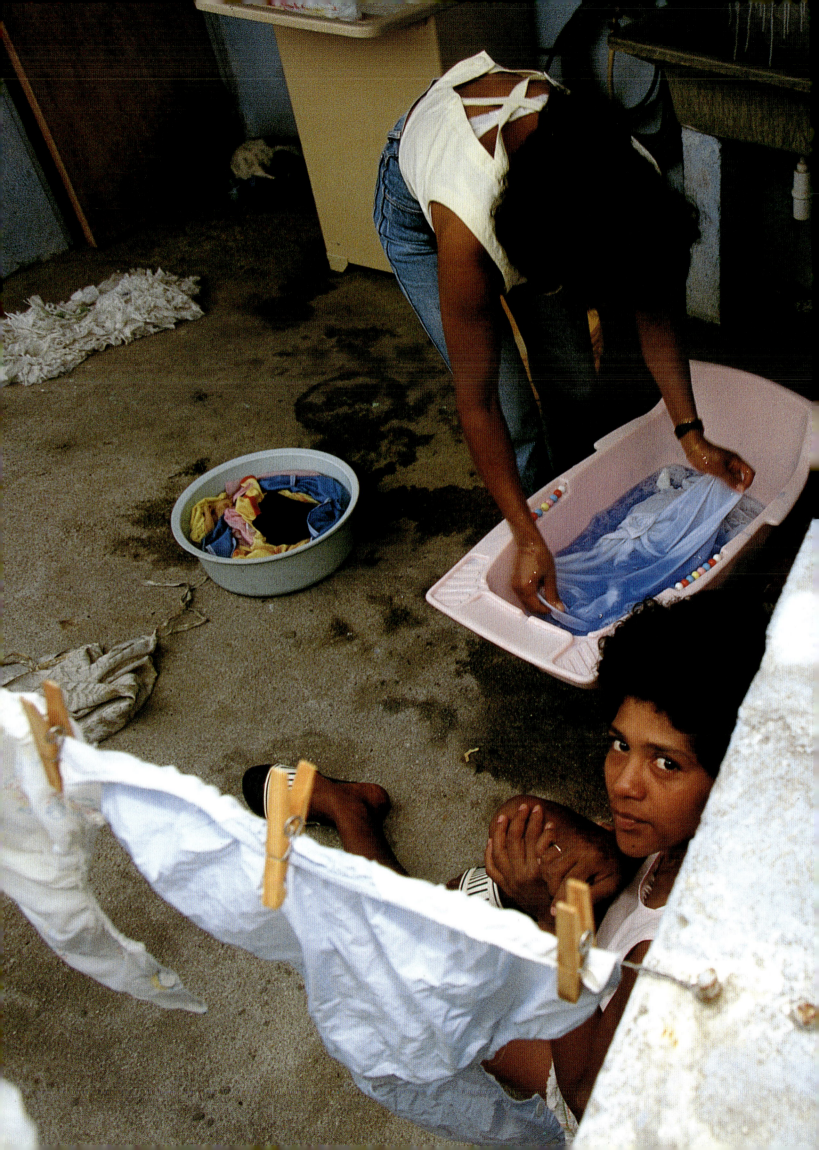

A

AUS DEM TAGEBUCH DES FOTOGRAFEN
MIGUEL LUIS FAIRBANKS

Freunde und Verwandte sind bei Familie de Goes stets willkommen. Während meiner Anwesenheit sind oft Leute über Nacht geblieben: Gäste waren fast immer da. Doch eine erschreckend hohe Zahl von Einbrüchen und Gewaltverbrechen sowie die verbreitete Korruption haben dazu geführt, daß in ihrem Stadtteil und auch in diesem gastfreundlichen Haus die Angst umgeht. Deshalb haben Maria, Sebastião und ihre Nachbarn Türen und Fenster mit schweren Läden gesichert. Auf öffentliche Verkehrsmittel ist in der riesigen Stadt São Paulo wenig Verlaß, so haben fast zwei Drittel der Bewohner einen eigenen Wagen. Um sich ein Auto leisten zu können, sparen Sebastião und Maria de Goes, wo sie können. Manche Menschen verzichten dafür sogar auf das Essen, haben sie mir erzählt. Kein Wunder, daß die Luftverschmutzung in dieser Stadt nahezu unerträglich geworden ist. Auch wenn das Ehepaar de Goes sich zuweilen einschränken muß, so ist es doch mit seinem Leben zufrieden, und seine Kinder liebt es über alles.

B

C

Sebastião hat die Frühschicht auf einem Linienbus und muß jeden Morgen um halb vier im Depot sein. Dafür aber kommt er schon am frühen Nachmittag wieder nach Hause und kann mit Freunden auf der Straße ein Schwätzchen halten (A). Oft besucht Sebastiãos Freund Rodrigo die Familie und bleibt ein, zwei Tage. Darüber freuen sich die Kinder, weil sie dann im Mittelpunkt stehen. Für ein Nickerchen hat Rodrigo sich auf dem Fußboden des Wohnzimmers ausgestreckt (B). Einmal im Monat wird ein Großeinkauf im Supermarkt gemacht (C). Sebastião ist ein zärtlicher Vater. Hier wiegt er Rodrigos Kind auf dem Arm, während der Freund die kleine Priscila auf seinem Bauch herumklettern läßt (D).

D

NORDA

ÖLWECHSEL IN PEARLAND, TEXAS
FOTO: LYNN JOHNSON

USA

Die ratlose Weltmacht
Pearland, Texas, USA

Familie Skeen

Familienfoto: Peter Ginter und Peter Menzel

Fotos: Lynn Johnson

PERSONEN AUF DEM FOTO

1. Rick Skeen, 36, Vater
2. Pattie Skeen, 34, Mutter
3. Julie Skeen, 10, Tochter
4. Michael Skeen, 7, Sohn

DER BESITZ DER FAMILIE

Im Vordergrund:
Familienbibel (von der Mutter gehalten)

Von links, im Uhrzeigersinn:
- Haushund Lucky (an einen Hydranten gebunden – Erinnerungsstück an Ricks Jahre als Feuerwehrmann)
- Tisch mit Stühlen (6), Obstschale, Geschirr, Gläsern und Besteck
- Nähmaschine (Antiquität)
- Sessel (2)
- Scheinwerfer (zur Ausleuchtung des Fotos)
- Beistelltisch mit Lampe
- Sofa
- Tisch mit Marmorplatte, Vase und Büchern
- Schrank mit Fernsehgerät
- Tisch mit Stereoanlage
- Boxen (4)
- Sammlervitrine mit Porzellan
- Sekretär
- Fahrräder (4)
- Bücherregal (durch das erleuchtete Fenster zu sehen)
- Computer und Computerschrank (von Vaters Kopf verdeckt)
- Autos (2)
- Strandbuggy
- Regale mit Werkzeugen und Gartengeräten (in der Garage)
- Jagdtrophäen (2)
- Amerikanische Fahne
- Kommoden (2) mit Büchern und Spielsachen
- Aktenschrank mit Puppenhaus
- Stuhl mit Plüschtier
- Beistelltisch mit USA-Karte, Globus und Plüschtieren
- Kühlschrank
- Schreibtisch mit Stuhl und Spielzeugeisenbahn
- Tisch mit Fernsehgerät
- Wäschetrockner mit Küchenmaschinen
- Herd mit Topf und Handtüchern (2)
- Waschmaschine mit Kaffeemaschine und Toaster
- Geschirrspülmaschine mit Mikrowellengerät
- Bügelbrett und Bügeleisen
- Betten (3) mit Gitarre und Spielsachen
- Klavier und Klavierbank
- Nähmaschine mit Stuhl und Handarbeitskorb
- Familienfotos

FAMILIE SKEEN

Familienmitglieder
4

Größe der Wohnung
148,6 m²

Arbeitszeit pro Woche
40 Std. (Vater)
20 Std. (Mutter – Hausarbeit nicht mitgerechnet)

Familie Skeen gibt 9% ihres Einkommens für Lebensmittel aus

Zahl der
Radios: 3, Telefone: 5,
Stereoanlagen: 3, Fernsehgeräte: 2,
Videorecorder: 1, Computer: 1,
Autos: 3

Der wertvollste Besitz
Bibel (für Vater und Mutter)

Sehnlichster Wunsch
Werkzeug, neuer Teppich, Wohnmobil

AUF EINEN BLICK

Fläche
9 529 063 km²

Einwohnerzahl
260,9 Millionen

Bevölkerungsdichte
27,3 Menschen pro km²

Kinderzahl pro Frau
2,1

Die Bevölkerung verdoppelt sich
in 101 Jahren

Anteil der städtischen/ländlichen Bevölkerung
75,6%/24,4%

Lebenserwartung
Frauen: 77,6 Jahre
Männer: 70 Jahre

Säuglingssterblichkeit
8 auf 1000 Geburten

Auf einen Arzt kommen
420 Menschen

Anteil der Analphabeten
Frauen: 4,7%, Männer: 4,3%

Bruttosozialprodukt pro Kopf
23 120 US-$

Rang auf der Entwicklungsliste der Uno
8

A

Nach dem Großeinkauf im Supermarkt von Pearland, einem Vorort von Houston in Texas, bereitet Pattie das Festmahl für Thanksgiving, das Erntedankfest, zu (A). Vor dem traditionellen Truthahnessen wird ein Gebet gesprochen (B). Das Leben der Skeens ist stark vom christlichen Glauben geprägt. Morgens und abends wird gebetet (C). Zu Thanksgiving haben die Kinder ein paar Tage schulfrei. Michael stillt seinen Durst (D). An diesem Feiertag klingelt unablässig das Telefon. Verwandte und Freunde rufen an (E).
<u>Doppelseite zuvor:</u> Rick und Pattie Skeen schauen sich im Wohnzimmer ein Football-Spiel im Fernsehen an.

B

C

D

USA

Der Kalte Krieg ist gewonnen, doch die Freude darüber währte in den Vereinigten Staaten nicht lange. Denn im Land steigt die Zahl der Verbrechen, der Drogenmißbrauch nimmt zu, die Innenstädte verfallen, viele Ehen werden geschieden, und immer mehr minderjährige Mütter müssen ihre Kinder allein großziehen. Dieser allgemeine Verfall der Lebensqualität verstört vor allem die amerikanische Mittelschicht — und macht sie anfällig für religiös-konservative Demagogen. Obwohl sich seit den Bürgerrechtsreformen in den sechziger Jahren eine breite schwarze Mittelschicht gebildet hat, ist das Rassentrauma noch längst nicht überwunden, wie die Krawalle in Los Angeles im Frühjahr 1992 zeigten. Gleichzeitig strömen immer mehr asiatische und lateinamerikanische Einwanderer ins Land und verändern den amerikanischen Way of life. Die Staatsschulden der USA liegen heute bei über vier Billionen Dollar, so muß massiv gespart werden — auch bei den Sozialausgaben, obwohl gerade das soziale Netz in weiten Bereichen immer noch schwach ausgeprägt ist, etwa bei den Krankenversicherungen. Viele Bürger lehnen daher die teure Rolle der USA als „Weltpolizei" entschieden ab. Und der Bombenanschlag rechtsradikaler Terroristen in Oklahoma, bei dem im April 1995 über 160 Menschen umkamen, hat das Seelenleben Amerikas erst recht erschüttert. Die übriggebliebene Weltmacht — sie wirkt ratlos.

E

A

AUS DEM TAGEBUCH DER FOTOGRAFIN
LYNN JOHNSON

Nachdem ich viele Jahre lang Obdachlosigkeit, Armut, Aidskranke und zerrüttete Familien fotografiert hatte, war die Arbeit in der Welt der glücklichen Familie Skeen fast so etwas wie ein heilsamer Schock für mich. Anfangs kamen mir diese Menschen mit ihrem Bilderbuchhaus so typisch amerikanisch und durchschnittlich vor, daß ich mich fragte, ob ich sie je als Individuen sehen könnte. Doch meine Befürchtungen zerstreuten sich rasch, als ich die Skeens ein wenig besser kennenlernte und miterlebte, wie sehr Pattie und Rick darum bemüht waren, die Familie zusammenzuhalten. Dabei haben sie die Privatsphäre ihrer Kinder immer respektiert und zum Beispiel stets angeklopft, wenn deren Zimmertür geschlossen war. Disziplin war wichtig für sie, doch gelegentlich waren die Skeens auch ausgelassen. So haben die Erwachsenen und die Kinder eines Abends alles stehen und liegen lassen und sich gegenseitig Eisstücke in den Kragen gesteckt, miteinander gerauft und sich gegenseitig mit Gummibändern beschossen. — Die Skeens bekennen sich zum baptistischen Glauben. Dieser tiefe, allgegenwärtige Glaube bestimmt ihr Leben. Ich habe das am Erntedankfest erlebt, das fotografisch ein Höhepunkt meines Besuches werden sollte. Genau das Gegenteil traf ein: Es gab reichlich zu essen, doch im Mittelpunkt stand das Gebet. Nach dem Ende des Essens las Rick aus der Bibel vor und bat die Anwesenden zu sagen, wofür sie an diesem Tag dankbar seien. Einige vergossen verstohlen ein paar Tränen und sagten, sie dankten Gott und ihren Verwandten für deren selbstlose Liebe. Und ich saß dort mit meiner Kamera und wußte, daß ich mit diesem Apparat niemals das Gefühl der herzlichen Verbundenheit würde einfangen können.

B

Rick Skeen bei seiner Arbeit als Telefonkabelverleger auf einem weihnachtlich geschmückten Telegrafenmast. Er scheint mehr Zeit in luftiger Höhe oder in dunklen Schächten zu verbringen als zu ebener Erde (A). Pattie arbeitet in einem christlichen Kindergarten. Einmal pro Woche nehmen die Skeens an einem Abendgottesdienst teil. Vorher kümmert der Vater sich um Michaels Frisur (B). Der siebenjährige Sohn verbringt einen Teil dieses Nachmittags mit einem Malbuch, das in der Schule von der National Rifle Association verteilt worden ist. Das Buch, das von der organisierten Waffenlobby herausgegeben wird, soll Kindern den Umgang mit Schußwaffen nahebringen. Ein wichtiges Thema für Michaels Vater, der mehrere Gewehre besitzt und während der Saison auf Rotwildjagd geht (C).

159

FISCHFANG AUF WESTSAMOA
FOTO: PETER MENZEL

WESTSAMOA

Zwischen einst und jetzt

Poutasi, Westsamoa

Familie Lagavale

Fotos: Peter Menzel

PERSONEN AUF DEM FOTO

1. Auseuga Lagavale, 65, Vater
2. Faaleo Lagavale, 60, Mutter
3. Fuao Lagavale, 13, Tochter
4. Laufafa Alatupe, 31, Tochter
5. Alatupe Alatupe, 37, ihr Mann
6. Teuila Alatupe, 10, Tochter
7. Pauline Alatupe, 5, Tochter
8. Faaleo Alatupe, 4, Tochter
9. Junior Alatupe, 11 Monate, Sohn
   Uiti Lagavale, Sohn, 21
   Paugata Lagavale, Tochter, 19
   (Kinder von Auseuga und Faaleo. Beide nicht auf dem Foto)

DER BESITZ DER FAMILIE

Von links, im Uhrzeigersinn:
- Flechtmatten (2) mit Material zur Mattenherstellung
- Sessel (4)
- Radio/Kassettenrecorder
- Tisch mit Decke
- Schlaf- und andere Matten (13)
- Betten mit Moskitonetzen (2)
- Auslegerkanu
- Töpfe (3) und Schüssel
- Kälber (2)
- Schrank mit Geschirr
- Truhe mit Decke und Tanoa (Schale für rituelle Handlungen)
- Tisch mit Stoffen und Büchern
- Ball, Tennisbälle und Nudelholz
- Schweine (2)
- Huhn

A

Ein Großteil des Tages wird für den Einkauf und die Zubereitung des Essens verwendet. Einige Lebensmittel werden auf dem Markt besorgt (A). Gegen Mittag komponiert Auseuga Lagavale, der gewählte Häuptling (Matai) der Großfamilie, seine Lieblingssauce. Das Rezept: Frisches Fleisch der Kokosnuß wird ausgedrückt, die Flüssigkeit in einen Topf gegossen, der auf in offenem Feuer erhitzten Steinen steht. Man kocht sie auf und fügt unter ständigem Rühren ein wenig Zucker hinzu (B). Gleich nebenan garen faustgroße geschälte Tarowurzeln auf heißen Steinen. Als Hauptgang wird ein Schwein geröstet. Die Leber ist der größte Leckerbissen (C). Eine wichtige Rolle spielt das Essen am sogenannten Weißen Sonntag, dem zweiten Sonntag im Oktober, der in Samoa traditionell den Kindern gewidmet ist. Sie bekommen kleine Geschenke, und jeder trägt etwas zum großen Festmahl bei. Schon bei Tagesanbruch beginnt Laufafa Alatupe im Kochhaus mit den Vorbereitungen (D). Zu diesem Fest kommt auch die ältere Tochter Paugata vom College zu Besuch. Sie wird gleich zum Hühnerrupfen angestellt (E).

FAMILIE LAGAVALE

Familienmitglieder
11

Größe der Wohnung
67 m² (Haus),
18 m² (Kochhaus)

Arbeitszeit pro Woche
35 Std. (Vater, Mutter)
48 Std. (Tochter, Schwiegersohn)

Familie Lagavale gibt 50%
ihres Einkommens
für Lebensmittel aus

Zahl der
Radios: 1, Telefone: 0,
Fernsehgeräte: 0, Autos: 0

Der wertvollste Besitz
Schweine (für Vater)
Selbstgewebte Matten (für Mutter)
Radio (für älteste Tochter)

B

C

D

E

WESTSAMOA

AUF EINEN BLICK

Fläche
2831 km²

Einwohnerzahl
164 000

Bevölkerungsdichte
57,9 Menschen pro km²

Kinderzahl pro Frau
4,5

Die Bevölkerung verdoppelt sich
in 28 Jahren

Anteil der städtischen/ländlichen Bevölkerung
23%/77%

Lebenserwartung
Frauen: 70 Jahre
Männer: 63,8 Jahre

Säuglingssterblichkeit
47 auf 1000 Geburten

Auf einen Arzt kommen
3570 Menschen

Bruttosozialprodukt pro Kopf
940 US $

Rang auf der Entwicklungsliste der Uno
104

Die neun vulkanischen Südseeinseln sind ein tropischer Garten Eden. Vor zwei- bis dreitausend Jahren sind auf ihnen die ersten Menschen gelandet und haben eine Fischer- und Bauernkultur begründet, die sich bis in die Gegenwart erhalten hat. 1830 kamen die ersten Missionare, und bereits zehn Jahre später waren die Samoaner zum Christentum bekehrt. Kolonialmächte — zeitweise auch Deutschland — rangen fast ein Jahrhundert lang um Macht und Einfluß; am Ende gegen heftigen Widerstand der Bewohner. 1962 wurde Westsamoa der erste unabhängige Staat Polynesiens — eine konstitutionelle Monarchie, an deren Spitze ein Häuptling steht. Der junge Staat verschuldete sich immens; vor dem Ruin retteten ihn nur die Überweisungen von Emigranten aus Neuseeland oder den USA. Sie machten jährlich bis zu 90 Prozent der Staatseinnahmen aus. Zudem ist die empfindliche Ökologie der Inseln durch Holzeinschlag und Tourismus aus dem Gleichgewicht geraten. Das Hauptproblem der Samoaner aber ist, ihre uralten polynesischen Traditionen mit der Massenkultur des 20. Jahrhunderts zu versöhnen. Der Versuch, aus Westsamoa unter dieser Voraussetzung einen modernen, wirtschaftlich erfolgreichen Staat zu machen, hat besonders unter der Jugend zu erheblichen Spannungen geführt.

B

A

Die Familie Lagavale hat sich für den Kirchgang am Weißen Sonntag fein angezogen. Die Kinder sind besonders aufgeregt, denn sie singen im Kirchenchor und haben für ihren Auftritt an diesem hohen Festtag seit Monaten geprobt. Die Religion spielt im Leben der Familie Lagavale eine zentrale Rolle. Sie beginnt jeden Tag mit einer Bibellesung und singt dann englische und samoanische Choräle miteinander. Am Abend werden noch einmal fromme Lieder gesungen. Ebenso wichtig, sagt Auseuga, sei eine gute Ausbildung für die jungen Menschen (A). Beim Unterricht tragen die Kinder Schuluniformen. Die Matten, auf denen die Schüler knien, sind aus den Blättern der Kokospalme geflochten (B).

AUS DEM TAGEBUCH DES FOTOGRAFEN

PETER MENZEL

Die Samoaner sind sehr gläubige Menschen — nirgends sonst habe ich so viele Kirchen gesehen wie an der 16 Kilometer langen Straße zwischen dem Faleolo National Airport und der Hauptstadt Apia. Die meisten Familien, die ich kennengelernt habe, kommen morgens und abends zum gemeinsamen Gebet zusammen. Die Samoaner sind überwiegend Protestanten, doch es gibt auch Mormonen darunter. Auf Samoa existiert ein traditionelles Sozialgefüge. Im Grunde besitzt niemand wirklich etwas. Wenn Verwandte um einen Teil ihrer Habe gebeten werden, erwartet man, daß sie es hergeben. Ich durfte den Weißen Sonntag miterleben, den einzigen Tag des Jahres, an dem die Kinder als erste essen dürfen. Zu diesem Gottesdienst waren nur 40 Eltern und Großeltern gekommen, obwohl 75 Kinder im Chor sangen. Das hat mich gewundert, bis mir einfiel, daß jede Familie hier ja bis zu acht Kinder hat. Wäre die Auswanderungsrate der Samoaner nicht so hoch, wäre das Südseeparadies schon bald völlig übervölkert.

DIE SPEISEN DER WELT

USA: Fleisch, Kartoffeln, Karotten, Zwiebeln, grüne Bohnen, gemahlener Pfeffer

ÄTHIOPIEN: Injara und Wat aus Eiern und rotem Chilipulver

GUATEMALA: Tortillas, Reis mit Chillies

ISLAND: Schinken, Pastete, Wurst, Lammfleisch, Schwarzbrot, Milch

MALI: Reis (im Kochtopf auf dem Feuer), Fisch (unten links)

BOSNIEN: Brot, Kartoffeln, Suppe, Tomatensalat mit Zwiebeln

CHINA: Suppe, Fisch, Sellerie, Bohnen, Rettich, Lotuswurzeln, Tofu, Schweinefleisch, Paprika, Würzsauce

IRAK: Gemüsesuppe mit kumingewürzten Teigbällchen, rote Bete, Laban (ein Joghurtgetränk)

BHUTAN: Roter Reis, Chillies mit Kartoffeln, Eier, Käse

SPANIEN: Paella

MEXIKO: Tortillas, Bohnen und Salsa

WESTSAMOA: Geröstetes Schweinefleisch, Wurst, Suppe, Reisnudeln

HAITI: Süßkartoffeln

BRASILIEN: Reis, Bohnen, Fleisch, Limonade

USBEKISTAN: Jopgan Non (Fladenbrot), Boqursok (Mehl mit Butter gemischt, in Speiseöl gebraten), Salz, Nüsse, Kartoffeln, Milch

THAILAND: Reis, Garnelenpaste, Bambussprossen, geröstetes Schweinefleisch und Gurken

E U R

KARNEVAL IN KÖLN
FOTO: PETER GINTER

ISLAND

Feuer und Fisch
Hafnarfjördur, Island

Familie Thoroddsen
Familienfoto: Peter Menzel
Fotos: Miguel Luis Fairbanks

PERSONEN AUF DEM FOTO

1. Björn Thoroddsen, 57, Vater
2. Margret Gunnlaugsdóttir, 42, Mutter
3. Sif Hauksdóttir, 18, Tochter aus erster Ehe der Mutter
4. Gunnlaugur Björnsson, 13, Sohn
5. Gestur Björnsson, 11, Sohn
6. Thórdis Björnsdóttir, 7, Tochter

DER BESITZ DER FAMILIE

Von links nach rechts:
- Islandponys (zwei von vieren)
- Teppiche (2)
- Antiker Schreibtisch
- Sofas (3)
- Sessel
- Tisch
- Fernsehsessel
- Autos (2)
- Schreibtisch mit Spielsachen
- Regal mit Spielsachen
- Doppelbett
- Stuhl
- Betten (3) mit Spielsachen
- Puppenwagen
- Kommode mit Spielsachen und Radio/Kassettenrecorder
- Puppe, Puppenbett und Spielzeugauto
- Waschmaschine, Wäschetrockner, Kühlschrank, Küchenmaschinen (2)
- Herd mit Pfannen und Töpfen
- Geschirrspülmaschine mit Vorratsdosen
- Schrank
- Tische (2) mit Lampen und Geschirr
- Stühle (4)
- Werkzeugkasten
- Fahrräder (3, hinter dem Weihnachtsbaum)
- Tische (2) mit Fernsehgeräten (2), Videorecorder und Stereoanlage
- Schneeschieber
- Cellos (2) mit Notenständer
- Klavierhocker
- Antiker Stuhl

A

ISLAND

AUF EINEN BLICK

Fläche
102 819 km²

Einwohnerzahl
267 000

Bevölkerungsdichte
11,2 Menschen pro km²

Kinderzahl pro Frau
2,2

Die Bevölkerung verdoppelt sich
in 63 Jahren

Anteil der städtischen/ländlichen Bevölkerung
91,4%/8,6%

Lebenserwartung
Frauen: 80,9 Jahre
Männer: 75,7 Jahre

Säuglingssterblichkeit
5 auf 1000 Geburten

Auf einen Arzt kommen
355 Menschen

Bruttosozialprodukt pro Kopf
23 670 US-$

Rang auf der Entwicklungsliste der Uno
14

Island, das sich im Jahr 1944 nach einer Volksabstimmung von Dänemark unabhängig erklärt hat, deckt heute fast seinen gesamten Energiebedarf durch Nutzung heißer vulkanischer Quellen und die gebändigte Wasserkraft seiner zahlreichen Flüsse. Nicht zuletzt deshalb erfreuen sich die Bewohner dieser Inselrepublik im Nordatlantik, deren Landesfläche nur zu einem Prozent für den Ackerbau nutzbar ist, eines der höchsten Lebensstandards der Welt — vor allem dank ihrer Großfischerei und Fischkonservenindustrie. 1975 führte Islands einseitige Erweiterung seiner Fischereizone auf 200 Seemeilen zum „Kabeljaukrieg" mit Großbritannien. Der Zwist wurde beigelegt, doch hat der Inselstaat es heute mit einem weit bedrohlicheren Problem zu tun: dem in hohem Maße von ihm selbst verursachten Raubbau an der schwindenden Ressource Fisch.

B

C

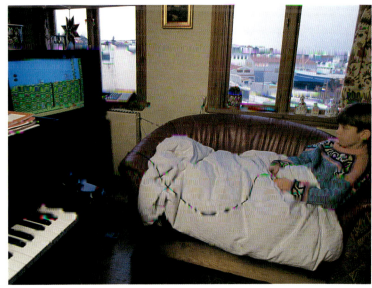

Kurz vor dem Start: Flugkapitän Björn Thoroddsen im Cockpit einer Boeing 757 der Icelandair. Flugziel ist Orlando, Florida (A). Badeausflug zu den heißen Quellen ihres Wohnorts Hafnarfjördur, acht Kilometer von der Hauptstadt Reykjavík entfernt. Thórdis kommt gerade aus dem warmen Wasser (B). Neben ihrer Hausarbeit und der Erziehung der Kinder entwirft und näht Margret Gunnlaugsdóttir Hüte, die in Boutiquen verkauft werden (C). Zu Hause hat der elfjährige Gestur es sich mit seinem Videospiel gemütlich gemacht (D).

D

A

AUS DEM TAGEBUCH DES FOTOGRAFEN
MIGUEL LUIS FAIRBANKS

Die Mitglieder der Familie Thoroddsen sind alle ein wenig abenteuerlustig: Björn fliegt mit seinem Privatflugzeug herum, und Margret reitet ihre halbwilden Islandponys. So hat es die Familie denn auch nicht sonderlich aus der Ruhe gebracht, als ein Fotograf, den sie erst kurz vorher kennengelernt hatten, ihr Haus von Möbelpackern ausräumen ließ. In die Zeit fiel auch noch Margrets Geburtstag. Doch sie packte in aller Ruhe Geschenke aus und trank mit einer Freundin Kaffee, während um sie herum das blanke Chaos ausbrach. Für uns war erschwerend, daß es hier an einem Dezembertag gerade mal vier Stunden lang richtig hell ist. Um zehn Uhr morgens hatten wir gerade genug Licht, aber als wir um 15.30 Uhr das Familienfoto endlich im Kasten hatten, war es schon wieder dunkel. — Brennholz findet man auf der Insel nicht. Die Wärme kommt direkt aus dem Schoß der Erde. Diese Geothermalwärme schafft auch heiße Quellen, und wir haben — mitten im Dezember — Scharen von Menschen unter freiem Himmel baden sehen. Das Leben auf diesem kalten, dünn besiedelten Eiland ist wirklich angenehm. Schlimm ist meiner Meinung nach nur der Lebertran, den die Bewohner tapfer schlucken, um sich auf diese Weise das fehlende „Sonnenvitamin" D zu holen. Ich habe einen Löffel voll genommen und bin den penetranten Geschmack trotz heftigsten Zähneputzens den ganzen Tag nicht wieder losgeworden.

Die drei jüngeren Kinder der Familie Thoroddsen gehen in die Olduhinsskoli-Grundschule, wo sie auch am alljährlichen Weihnachtsspiel in der Turnhalle mitwirken. Mütter und Väter lauschen ihren Sprößlingen, die nordische Weihnachtsmärchen erzählen und Lieder singen (A). Nach dieser Aufführung geht es in die Ferien. Margrets beste Freundin ist zu Besuch. Hund Scotty liegt ihnen zu Füßen (B). Rebecca, die Tochter der Freundin, spielt mit den Kindern im Nebenzimmer (C).

Nächste Doppelseite: Eine halbe Autostunde vom Haus der Familie Thoroddsen entfernt, liegt die Blaue Lagune, ein geradezu surrealistisch wirkendes Bad, das seine Existenz dem Svartsengi-Kraftwerk verdankt. Es pumpt 243 Grad heißes Wasser aus einer Tiefe von bis zu zwei Kilometern herauf und wandelt die Wärme in Elektrizität um. Das abgekühlte mineralreiche Wasser ist ein ideales Thermalbad.

B

FAMILIE THORODDSEN

Größe der Wohnung
186 m² (3 Schlafzimmer, Küche, Wohnzimmer, Arbeitszimmer, Bad)

Arbeitszeit
(Vater arbeitet als Pilot im Schichtdienst : 22 Tage pro Monat im Winter, 18 Tage pro Monat im Sommer. Mutter – Arbeitszeit flexibel – stellt Hüte her)

Familie Thoroddsen gibt 22% ihres Einkommens für Lebensmittel aus

Zahl der
Radios: 2, Telefone: 2, Stereoanlagen: 1, Fernsehgeräte: 2, Videorecorder: 1, Computer: 1, Autos: 2, Pferde: 4

Der wertvollste Besitz
Privatflugzeug (für Vater)
Cello (für Mutter)
Pferd (für ältere Tochter)
Messer (für älteren Sohn)
Antike Pistole (für jüngeren Sohn)
Kann sich nicht entscheiden (jüngere Tochter)

C

DEUTSCHLAND

Einigkeit macht schwach

Köln, Deutschland

Familie Pfitzner

Fotos: Peter Ginter

PERSONEN AUF DEM FOTO

1. Bernhard Pfitzner, 38, Vater
2. Brigitte Klose-Pfitzner, 36, Mutter
3. Manuel Pfitzner, 7, Sohn
4. Christian Pfitzner, 4, Sohn

DER BESITZ DER FAMILIE

Von links, im Uhrzeigersinn:
- Regal mit Videorecorder, Stereoanlage und Tonbandgerät
- Regal mit Fernsehgerät, Plattenspieler, CDs, Schallplatten und Boxen
- Stativ mit Videokamera
- Tisch mit Stühlen (4) und Geschirr
- Regal mit Büchern und Gefäßen
- Antiker Schrank mit Gläsern, Krügen und Figuren
- Bild (durchs Fenster zu sehen)
- Schrank mit Kleidung
- Ecksofa
- Schrank mit Geschirr, Gewürzen und Messerblock
- Topfpflanzen (5)
- Schrank mit Geschirr, Obstschale und Figuren
- Schreibtisch mit Lampe, Uhr und Spielzeug
- Regal mit Spielzeug
- Tisch mit Stuhl und Spielzeug
- Etagenbetten (2) mit Plüschtieren
- Regal mit Büchern
- Auto
- Herd mit Töpfen (4)
- Geschirrspülmaschine mit Geschirr und Mikrowellengerät
- Kühlschrank
- Schrank mit Schiff
- Kommode mit Spielzeug
- Doppelbett mit Plüschtieren
- Fahrräder (4)
- Motorrad mit Helm
- Koffer mit Familienandenken
- Schaffelle (2) und Kissen (2)
- Spiel („Riesen-Mikado")

A

DEUTSCHLAND

AUF EINEN BLICK

Fläche
356 959 km²

Einwohnerzahl
81,9 Millionen

Bevölkerungsdichte
229,4 Menschen pro km²

Kinderzahl pro Frau
1,5

Die Bevölkerung verdoppelt sich
in über 100 Jahren

Anteil der städtischen/ländlichen Bevölkerung
85,3%/14,7%

Lebenserwartung
Frauen: 79,8 Jahre
Männer: 73,2 Jahre

Säuglingssterblichkeit
7 auf 1000 Geburten

Auf einen Arzt kommen
370 Menschen

Bruttosozialprodukt pro Kopf
23 030 US-$

Rang auf der Entwicklungsliste der Uno
11

Seit 1989 hat Deutschland mit einer Folge des von ihm zynisch begonnenen und katastrophal verlorenen Zweiten Weltkriegs zu kämpfen — mit seiner Wiedervereinigung. Fehleinschätzungen der ökonomischen Potenz der früheren DDR, der Zusammenbruch deren osteuropäischer Märkte, antiquierte Maschinenparks und Produktionsprozesse in den ostdeutschen Betrieben, die Umformung der Kommando- in die Marktwirtschaft, der vielfach kritisierte 1:1-Umtausch der Ost- in die Westmark, die Anpassung der zwei Sozialsysteme — all das erzwang und erzwingt einen gewaltigen Kapitaltransfer aus dem Westen und hat die öffentliche Verschuldung hochkatapultiert. Doch nicht nur wirtschaftliche Probleme haben die Euphorie über die Wiedervereinigung erkalten lassen, sondern auch Schwierigkeiten und Mißverständnisse, die aus der über Jahrzehnte unterschiedlichen Entwicklung von Rechtssystemen resultieren, sowie die Enttäuschung darüber, daß der von Politikern verheißene rasche Aufschwung der „neuen Bundesländer" ausblieb. Die Stimmung im Lande ist auch gedrückt durch die Folgen einer langen Weltwirtschaftskrise: Ihr begegnete die deutsche Industrie mit energischer Rationalisierung, die wiederum enorme Arbeitslosigkeit zeitigte — und damit die ohnehin heikle Integration von fast vier Millionen Immigranten und ihrer Familien erschwerte. Mehr und mehr verlagert die deutsche Wirtschaft Produktions- und Forschungsstätten ins lohnschwächere Ausland. Gleichwohl gilt das nach Rußland volkreichste Land des Kontinents heute als der ökonomische Riese Europas mit einer unerschütterlichen Währung. Es ist beispielhaft in seiner Sozialgesetzgebung und eines der reichsten Länder der Erde.

B

C

Gemeinsame Unternehmungen und gemütliche Abende ohne Fernsehen spielen bei der Familie Pfitzner eine große Rolle (A). Für ein entspannendes und fröhliches Bad mit seinen Söhnen bleibt Bernhard Pfitzner allerdings meistens nur freitags abends Zeit (B). Nach dem Abendessen dürfen die beiden Jungen noch etwas fernsehen, aber höchstens eine Stunde (C). Brigitte kauft für ein großes Essen auf einem Wochenmarkt in Köln ein (D).

D

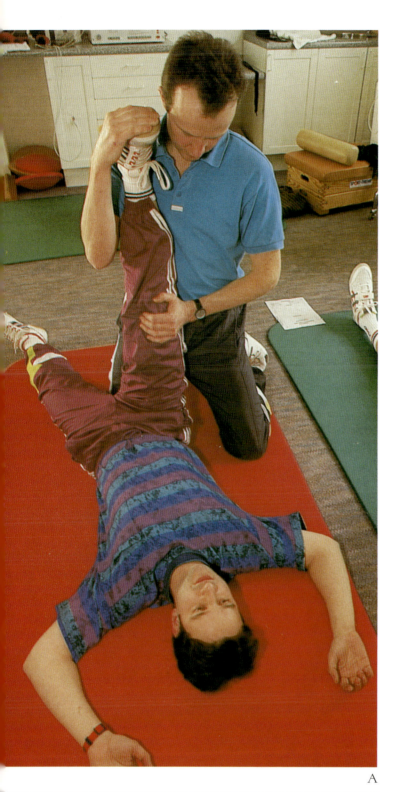

FAMILIE PFITZNER

Familienmitglieder
4

Größe der Wohnung
85 m² (Mietwohnung)
4 Zimmer, Küche, Flur, Bad

Arbeitszeit pro Woche
40 Std. (Vater)
ca. 50 Std. (Mutter – im Haushalt)

Familie Pfitzner gibt 40% ihres
Einkommens für Miete aus

Für Lebensmittel, Bekleidung, Haushaltswaren
30%

Zahl der
Radios: 3, Telefone: 1,
Kassettenrecorder: 1, Fernsehgeräte: 1, Videorecorder: 1, Videokamera: 1, Motorräder: 1, Autos: 1

Der wertvollste Besitz
Korb mit Familienandenken
(für Mutter und Vater)
Taschenmesser (für
älteren Sohn)
Spielzeug-Lastauto (für
jüngeren Sohn)

Sehnlichster Wunsch
Neuer Kühlschrank,
ein Haus auf dem Land,
saubere Umwelt

AUS DEM TAGEBUCH DES FOTOGRAFEN PETER GINTER

Daß es nicht einfach werden würde, war mir sofort klar. Ich wußte, daß meine Landsleute ihr Hab und Gut nicht sonderlich gern vor aller Augen ausbreiten. Deshalb hielt ich es zunächst für besser, diese Arbeit einem amerikanischen Kollegen zu überlassen. Aber dann ist es doch an mir hängengeblieben. Eine passende Familie zu finden war wirklich nicht einfach; deshalb schulde ich den Pfitzners Dank. Es ergab sich, daß wir das Familienfoto mitten im Karneval produzieren und die Stadtverwaltung dazu bringen mußten, ausgerechnet am Tag vor Rosenmontag eine Straße zu sperren. Nachdem das geregelt war, sank plötzlich die Temperatur auf minus zwölf Grad. Wegen meines verstauchten Rückens mußte ich ein Schmerzmittel einnehmen und half mit zusammengebissenen Zähnen beim Möbeltransport. Unterdessen hatte es leicht zu schneien begonnen. Glücklicherweise war es so kalt, daß wir den trockenen Schnee einfach von den Möbeln pusten konnten. Dann hörte es auf zu schneien, und wir schleppten auch noch die empfindlicheren Möbel ins Freie. Kaum hatten wir das erste auf dem Gehweg abgestellt, als ein Windstoß es auch schon umwarf. Und wieder hatten wir Glück: Es war kein Schaden entstanden. Schließlich mußten wir hinter jedem größeren Möbelstück einen Mann postieren, der es unauffällig festhielt. Wir haben anderthalb Filme verknipst, uns anschließend zwei Stunden lang aufgewärmt und dann noch einmal zwei Filme durchgejagt. Bei der ganzen Aktion sind schließlich nur ein einfaches Regal und ein Blumentopf zu Bruch gegangen. Nicht so schlimm, da alles problemlos zu ersetzen war. Bei all dem hat die Familie Pfitzner keine Sekunde lang die Ruhe verloren. Ihr Lächeln auf dem Familienfoto ist nicht aufgesetzt. Nervös war nur ich.

B ernhard Pfitzner arbeitet als Krankengymnast in einer Klinik in Neuß. Er hat einen anstrengenden Arbeitstag (A). Die Eltern sind froh darüber, daß Manuel und Christian es nicht verlernen zu spielen. Sie können sich stundenlang mit ihren Spielzeugrittern und Plastikdinosauriern beschäftigen (B). Christian, der noch nicht zur Schule geht, ist vormittags mit seiner Mutter allein zu Haus. Manchmal hilft er ihr bei der Hausarbeit. Er hat ein funktionierendes Spielzeugbügeleisen und darf ein Taschentuch bügeln (C). Der siebenjährige Manuel verbringt den Vormittag in der Schule, die nur wenige Wegminuten von der elterlichen Wohnung entfernt liegt (D).

RUSSLAND

Der wankende Koloß

Susdal, Rußland

Familie Kapralow

Familienfoto: L. Psihoyos/J. Knoebber

Fotos: Scott Thode

PERSONEN AUF DEM FOTO

1. Jewgenij Kapralow, 37, Vater (ermordet am 25.12.1993)
2. Joanna Kapralow, 36, Mutter
3. Xenia Kapralow, 14, Tochter
4. Anastasia Kapralow, 6, Tochter

DER BESITZ DER FAMILIE

Von links, im Uhrzeigersinn:
- Klavier mit Samowar
- Frisierkommode
- Sessel (2)
- Nähmaschine mit Decke
- Teppiche (2)
- Bild
- Sofas (2) mit Teddybär und Puppe
- Staubsauger
- Bügelbrett mit Bügeleisen
- Tische (2) mit Küchenutensilien, Vorratsbehältern, Flasche und Korb
- Kühlschrank
- Schrankwand mit Porzellan, Stereoanlage, Büchern, Deckchen (4), Ninnes und Boxen (2)
- Auto
- Fahrräder (2)
- Schrank mit Brucke, Domra und Vase
- Beistelltisch mit Fernsehgeräten (2)
- Skier, Hula-Hoop-Reifen, Federballschläger, Säge, Kuckucksuhr
- Hocker
- Tisch mit Stuhl und Spielzeug
- Schlitten

A

FAMILIE KAPRALOW

Familienmitglieder
3

Größe der Wohnung
140 m²

Arbeitszeit pro Woche
42 Std. (Mutter, plus Hausarbeit)

Familie Kapralow
gibt 60% ihres Einkommens
für Lebensmittel aus

Für Kleidung und Haushaltswaren
30%

Zahl der
Radios: 2, Stereoanlagen: 1,
Telefone: 2, Fernsehgeräte: 2,
Videorecorder: 0, Autos: 1

Der wertvollste Besitz
Domra – traditionelles
Saiteninstrument (für Mutter)
Videospiele,
Sherlock-Holmes-Romane
(für ältere Tochter)
Stofftier, Barbie-Puppe
(für jüngere Tochter)

Sehnlichster Wunsch
Das Auto reparieren zu lassen.
Kosten ca. 3000 US-$.
Daß ihre Kinder in einem Rußland
leben, das „in den Kreis der
zivilisierten Nationen zurückgekehrt
ist" (Mutter)

IN MEMORIAM

Vier Wochen nachdem Jewgenij Kapralow mit seiner Familie für das Familienfoto posiert hatte, wurde er von unbekannten Tätern erschlagen. Ein Raubmord wird nicht ausgeschlossen, denn die Scheiben seines Wagens waren eingeschlagen. Als traditionelles Zeichen ihrer Trauer hat die Familie ein Glas Wodka, ein Stück Brot, ein Glas Reis und Jewgenijs Foto mit Trauerband auf einen Tisch gestellt. Dort wird es 40 Tage lang stehen bleiben.

AUS DEM TAGEBUCH DES FOTOGRAFEN
SCOTT THODE

Fünf Tage vor meinem Flug nach Rußland hörte ich von dem Mord an Jewgenij Kapralow. Ich war sehr schockiert. Mein erster Gedanke war: absagen. Doch dann habe ich mir gedacht, daß meine Fotos vielleicht dazu beitragen könnten, die Erinnerung an Jewgenij wachzuhalten. Angekommen bin ich ausgerechnet an dem Tag, an dem er Geburtstag gehabt hätte. Am Abend haben wir viele Gläser Wodka getrunken und an ihn gedacht. „Ich glaube an ein Leben nach dem Tod", hat Joanna gesagt. Jewgenijs Gegenwart war noch überall zu spüren. Da waren die Küchenregale, die er gebaut und noch nicht ganz fertiggestellt hatte; die wundervollen Schnitzereien aus seiner Werkstatt; das Holz, das er noch hätte verarbeiten wollen. Sie sei so glücklich gewesen, als er seinen gefährlichen Job als Bergarbeiter aufgegeben habe und die Familie nach Susdal gezogen sei, sagte Joanna. Und Susdal sei ein so sicherer Ort gewesen. Damals, jetzt nicht mehr. Joanna schenkte mir eine von Jewgenijs Schnitzereien und sagte, sie hoffe, meine Geschichte würde nicht allzu traurig ausfallen. Mir war die Sache sehr nahegegangen. Doch ich hoffe, meine Fotos zeigen, wie mutig sie und ihre Töchter nach vorn schauen.

B

Auch nach Jewgenijs Tod muß das Leben weitergehen. Joanna Kapralowa unterrichtet nach wie vor Deutsch an einer Internatsschule für Kinder aus zerrütteten Ehen und Musik an der Musikschule von Susdal (A). Xenia geht aufs Gymnasium und nimmt nebenbei Klavierunterricht (B). Anastasia spielt mit ihrer Schwester Xenia und einem Freund im Schnee. Den Schneemann haben die Kinder auf dem Gelände des örtlichen Museums für Holzhäuser gebaut, zu dem die Windmühle im Hintergrund gehört (C).

C

A

RUSSLAND

AUF EINEN BLICK

Fläche
17 075 400 km²

Einwohnerzahl
148,1 Millionen

Bevölkerungsdichte
8,7 Menschen pro km²

Kinderzahl pro Frau
1,8

Die Bevölkerung verdoppelt sich
in über 100 Jahren

Anteil der städtischen/ländlichen Bevölkerung
73,3%/26,7%

Lebenserwartung
Frauen: 73,2 Jahre
Männer: 59 Jahre

Säuglingssterblichkeit
19 auf 1000 Geburten

Auf einen Arzt kommen
210 Menschen

Anteil der Analphabeten
Frauen: 4,8%, Männer: 1,2%

Bruttosozialprodukt pro Kopf
2680 US-$

Rang auf der Entwicklungsliste der Uno
34

Der Traum der Oktoberrevolution von 1917 ist ausgeträumt. Zwar gab es in der Sowjetunion Arbeit und medizinische Versorgung für alle. Doch ein allmächtiger Überwachungsstaat unterdrückte die Bürger, Millionen starben in den Lagern der Partei. Die von oben dirigierte Planwirtschaft führte zur generellen Unterversorgung der Bevölkerung. Endgültig platzte der kommunistische Traum, als die UdSSR in den Jahren von 1989 bis 1991 zerbrach. Ihr einst größter Teilstaat Rußland steht vor einem Berg sozialer, ökonomischer und ökologischer Probleme. Die alten Strukturen sind zerstört, die neuen noch nicht richtig aufgebaut, und das Vertrauen der Bevölkerung in die demokratischen Institutionen ist kaum entwickelt. In diesen schweren Zeiten suchen die Menschen Halt — und finden ihn bei der wiederauferstandenen russisch-orthodoxen Kirche. Doch der wiedererwachte Nationalismus im Vielvölkerstaat bedroht zunehmend Rußlands Zusammenhalt, wie der Krieg in Tschetschenien beweist.

B

C

Auch bei den Mahlzeiten wird Jewgenij Kapralow schmerzlich vermißt. Die Sitzbank und das Regal hat er gebaut (A). Er war ein tüchtiger Schreiner und hat stets an mehreren Projekten zugleich gearbeitet. Xenia spielt leidenschaftlich gern Schach. Ein Hobby, das sie mit dem Nachbarsjungen Ilja teilt (B). Joanna Kapralowa ist ebenfalls ständig beschäftigt. Wenn sie einmal nicht in ihrem Handarbeitsraum werkelt, nimmt Xenia die Gelegenheit wahr, eine Freundin anzurufen (C). Doch Telefonate, Schachpartien und Handarbeit bieten an Jewgenijs Geburtstag, nur wenige Wochen nach seiner Ermordung, keinen ausreichenden Trost für die Hinterbliebenen. Seine Witwe Joanna und die Kinder zünden an diesem Tag in der orthodoxen Kirche eine Kerze für ihn an (D). Und dann gehen sie hinaus auf den Friedhof zu seinem Grab (E).

D

E

ALBANIEN

Ende der Isolation
Bei Burrel, Albanien

Familie Cakoni

Familienfoto: L. Psihoyos/J. Knoebber

Fotos: Guglielmo de'Micheli

PERSONEN AUF DEM FOTO

1. Hajdar Cakoni, 44, Vater
2. Hanke Cakoni, 37, Mutter
3. Armond Cakoni, 14, Sohn
4. Ardian Cakoni, 12, Sohn
5. Artila Cakoni, 6, Tochter
6. Aurel Cakoni, 5, Sohn

DER BESITZ DER FAMILIE

Von links, im Uhrzeigersinn:
- Esel mit Sattel
- Butterfässer (3)
- Landwirtschaftliche Geräte
- Tisch mit Stühlen (4), Geschirr und Pfeffermühle
- Schrank mit Gemüse und Hahn
- Schüssel und Bottich
- Haus (von Hajdar Cakoni gebaut)
- Tabak (an der Hauswand)
- Stall für Ziegen und Hühner (hinter dem Haus)
- Ziegen (6)
- Schafe (2)
- Bett
- Babybett
- Kommode mit Fernsehgerät, Radio und Spielsachen
- Mandoline
- Sofa
- Teppich
- Kalb

Wenn es draußen kalt ist und wenn Besuch kommt, hält die Familie Cakoni sich in der Küche auf, wo der wärmende Herd steht. Der geistig behinderte fünfjährige Aurel ist immer dabei. An eine Einweisung in eine Heil- und Pflegeanstalt hat die Familie noch nie gedacht (A). Ein typisches Mittagessen besteht aus Lauch, Weißkohl, Eiern, Käse und selbst gebranntem Raki (B). Wenn kein Besuch da ist, läuft der Fernseher ununterbrochen und bringt Bilder aus dem benachbarten Wohlstandsland Italien in die Wohnküche. Das Abendessen bereitet Hanke Cakoni in einer umfunktionierten großen Konservendose (C). Das Trinkwasser holt der zwölfjährige Ardian täglich mit dem Esel der Familie von einem Brunnen in 800 Metern Entfernung (D).

B

A

C

D

ALBANIEN

AUF EINEN BLICK

Fläche
28 748 km²

Einwohnerzahl
3,3 Millionen

Bevölkerungsdichte
117,4 Menschen pro km²

Kinderzahl pro Frau
2,7

Die Bevölkerung verdoppelt sich
in 37 Jahren

Anteil der städtischen/ländlichen Bevölkerung
36,1%/63,9%

Lebenserwartung
Frauen: 76,2 Jahre
Männer: 70 Jahre

Säuglingssterblichkeit
29 auf 1000 Geburten

Auf einen Arzt kommen
720 Menschen

Anteil der Analphabeten
Frauen 12%, Männer 4,5%

Bruttosozialprodukt pro Kopf
760 US-$

Rang auf der Entwicklungsliste der Uno
76

Albanien, einst das wirtschaftlich rückständigste Land des Ostblocks, ist heute der ärmste Staat Europas. Von 1944 bis 1985 wurde es von KP-Führer Enver Hodscha mit eiserner Faust regiert: Tausende von Oppositionellen wurden hingerichtet, das Land mit einem Spitzelnetz überzogen und hermetisch gegen die Außenwelt abgeschottet. Jegliche Religionsausübung war verboten, Moscheen wurden zweckentfremdet oder abgerissen. Wenn Hodscha bei den kommunistischen Bruderländern ein Abrücken von der reinen Lehre zu bemerken meinte, brach er die Beziehungen ab. So sagte er sich erst von der UdSSR, dann von China los. Als vier Jahre nach seinem Tod die sozialistischen Staaten in Osteuropa zusammenbrachen, wollte die albanische KP bei der Fahne bleiben. Doch nach einem nahezu totalen Wirtschaftskollaps verlor auch sie 1992 die Macht. Der neue Präsident, der Antikommunist Sali Berisha, muß vor allem Albaniens Wirtschaft sanieren — eine schwierige Aufgabe, denn das Land der Skipetaren kann nicht einmal genug Nahrungsmittel für die eigene Bevölkerung anbauen und ist außerstande, Einfuhren zu bezahlen. Kein Wunder also, daß die Albaner zu Tausenden ihre Bergdörfer verlassen und verzweifelt versuchen, im Ausland Asyl zu finden.

A

AUS DEM TAGEBUCH DES FOTOGRAFEN
GUGLIELMO DE'MICHELI

Tirana ist nur eine Flugstunde von Rom entfernt — doch liegen Welten dazwischen. Schon bei der Ankunft auf dem Flughafen wird einem bewußt, daß die Geschichte in diesem Land mehr als 40 Jahre lang einfach stehengeblieben ist und Albanien erst allmählich aus einem lähmenden Tiefschlaf erwacht. Obwohl unser Besuch angesagt war, hatte die Familie Cakoni keine Ahnung, wann genau wir eintreffen würden, weil es kein Telefon gibt. Aber dann hieß sie uns sehr herzlich willkommen. Hajdar Cakoni hat uns geküßt und seine Frau Hanke für uns Kaffee geröstet und gemahlen. Schon bald stieg uns der Duft dieses unglaublich guten Kaffees in die Nase. — Die Zeit hat hierzulande eine andere Dimension als in den hektischen Weltecken: anderthalb Stunden für den Weg zur Schule; 40 Minuten fürs Wasserholen; alle zwei Wochen vier Stunden Fußmarsch zum Markt. Der sichtbare Überfluß, den das italienische Fernsehprogramm tagtäglich vor Augen führt, trägt bei der Familie natürlich zur Unzufriedenheit bei. Kein Wunder, denn Fleisch ist immer noch knapp, in vielen Häusern gibt es kein fließendes Wasser, Arbeitsplätze sind rar, und eine Gesundheitsversorgung ist allenfalls in Ansätzen vorhanden. Ich kann schon verstehen, daß die Familie Cakoni lieber woanders wohnen, mehr konsumieren möchte. Wer wollte es ihr verdenken?

Hajdar Cakoni ist Lehrer an einer Grundschule. Der Unterricht findet von Montag bis Freitag statt, beginnt um 9.00 und endet um 13.00 Uhr. Der Schulbetrieb dauert neun Monate im Jahr. Meist haben er und die schulpflichtigen Kinder schon einen anderthalbstündigen Fußweg hinter sich, bevor sie die Schule erreichen (A). Hinter den Bergen ihres Tals in rund zwölf Kilometern Entfernung liegt die Stadt Burrel. Unzählige Satellitenschüsseln bringen die Bilder aus dem goldenen Westen in fast jede Wohnung (B). Alle zwei Wochen verläßt das Ehepaar Cakoni, manchmal in Begleitung der sechsjährigen Artila, sein Tal und stiefelt über die Berge nach Burrel, wo es auf einem der Straßenmärkte Kaffee, Brot und Seife einkauft. Solche wilden Märkte sind in Burrel seit dem Zusammenbruch des kommunistischen Regimes wie Pilze aus dem Boden geschossen. Da die Preise ständig steigen, wird um alles hart gefeilscht (C).

B

C

FAMILIE CAKONI

Familienmitglieder
6

Größe der Wohnung
48 m², 3 Zimmer
(Haus gehört der Familie)

Arbeitszeit pro Woche
84 Std. (Erwachsene)
21 – 28 Std. (Kinder)

Familie Cakoni gibt
ca. 100% ihres Einkommens
für Lebensmittel aus

Vom Einkommen werden gespart
0%

Zahl der
Radios: 1, Telefone: 0,
Fernsehgeräte: 1, Autos: 0

Der wertvollste Besitz
Fernsehgerät (für Vater,
Mutter, Kinder)

Zahl der Kinder, die nach
Meinung der Eltern eines Tages
auswandern werden
Alle

ITALIEN

Das erfolgreiche Paradox

Pienza, Italien

Familie Pellegrini

Familienfoto: Peter Ginter

Fotos: Guglielmo de'Micheli

PERSONEN AUF DEM FOTO

1. Fabio Pellegrini, 45, Vater
2. Daniela Ciolfi, 40, Mutter
3. Caterina Pellegrini, 3, Tochter

DER BESITZ DER FAMILIE

Von links, im Uhrzeigersinn:
- Dreirad
- Fahrrad und Skier
- Tisch mit Stühlen (4), Tischtuch, Porzellan, Besteck, Gläsern
- Topfpflanzen (zu beiden Seiten des Garagentors und auf dem Balkon darüber)
- Auto
- Tisch mit Fernsehgerät
- Sitzbank
- Schreibtisch mit Büchern und Gefäßen
- Kommoden (2) mit Fernsehgerät und Büchern
- Doppelbett
- Schrank mit Kleidung
- Herd mit Kühlschrank
- Kommode mit antiker Waage
- Kommode mit Marmorplatte, Büchern und Pferdeskulptur
- Schrank mit Porzellan und Gläsern
- Stuhl mit Puppe
- Spiegel (2)
- Truhe mit Stereoanlage, Schallplatten und Puppensammlung
- Stühle (2)
- Kinderstühle (2) mit Mandoline und Puppe

A

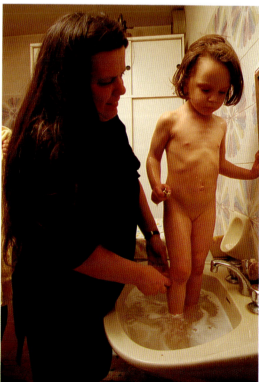

B

C

FAMILIE PELLEGRINI

Familienmitglieder
3

Größe der Wohnung
120 m²
(5 Zimmer)

Arbeitszeit pro Woche
24 Std. (Vater: Lehrer)
40 Std. (Mutter: Sekretärin)

Familie Pellegrini gibt 30% ihres
Einkommens für Lebensmittel aus

Zahl der
Radios: 1, Telefone: 2,
Stereoanlagen: 1, Fernsehgeräte: 1,
Videorecorder: 0, Autos: 1

Der wertvollste Besitz
Mandoline (für Vater)
Puppensammlung (für Mutter)

Sehnlichster Wunsch
Bauernhof, Videorecorder

D

Caterina hat ihre Barbie-Puppe gebadet und darf jetzt deren lange Haare mit dem Fön trocknen. Vater Fabio Pellegrini hilft ihr dabei (A). Sie findet es toll, im selben Waschbecken gewaschen zu werden, in dem sie zuvor ihre Puppe gebadet hat (B). Zwischen Bergen von Spielzeug beschäftigt Caterina sich mit einer Holzeisenbahn, die Kindern helfen soll, das Abc zu lernen (C). Daniela und Fabio haben Besuch von ihrem Freund Dario bekommen. Man tauscht Neuigkeiten am Kaminfeuer aus (D).

ITALIEN

AUF EINEN BLICK

Fläche
301 303 km²

Einwohnerzahl
57,2 Millionen

Bevölkerungsdichte
89,8 Menschen pro km²

Kinderzahl pro Frau
1,3

Die Bevölkerung verdoppelt sich
in über 100 Jahren

Anteil der städtischen/ländlichen Bevölkerung
66,8%/33,2%

Lebenserwartung
Frauen: 80,2 Jahre
Männer: 73,6 Jahre

Säuglingssterblichkeit
8 auf 1000 Geburten

Auf einen Arzt kommen
210 Menschen

Anteil der Analphabeten
Frauen: 4%, Männer: 2%

Bruttosozialprodukt pro Kopf
20 510 US $

Rang auf der Entwicklungsliste der Uno
22

Zwischen dem Ende des Zweiten Weltkrieges und 1993 hat Italien nicht weniger als 52 Regierungswechsel erlebt. Trotzdem wurden die Italiener, besonders im Norden, immer wohlhabender. Anfang der neunziger Jahre erkannten sie, daß die regierenden Parteien seit 1945 Banken, Industriebetriebe, Fernsehsender und andere staatlich kontrollierte Einrichtungen in einen Selbstbedienungsladen verwandelt hatten. Über 3000 der einflußreichsten Männer des Landes, darunter ehemalige Ministerpräsidenten, Senatoren und Abgeordnete, kamen entweder bereits hinter Gitter oder müssen mit einer Anklage wegen Bestechlichkeit rechnen. 1993 wurde das verfilzte System, das Italien bis dahin politisch scheinbar im Lot gehalten hatte, durch ein Referendum hinweggelegt. Die folgenden Wahlen brachten 1994 den Medienmogul und Milliardär Silvio Berlusconi an die Regierung und in dessen Gefolge erstmals nach Kriegsende auch Neofaschisten auf Ministersessel. Unterdessen mußte Berlusconi sich nach einer Abstimmungsniederlage im römischen Parlament wieder aus dem Amt des Ministerpräsidenten verabschieden, und nach den Ergebnissen der Regionalwahlen im Frühjahr 1995 haben Mitte-Links-Kräfte die beste Aussicht, erneut das Regiment zu übernehmen. Es bleibt das Problem der immensen Staatsverschuldung. Trotz all dieser Defekte und Unzulänglichkeiten haben die wirtschaftliche Potenz und die Innovationskraft Italiens bislang erstaunlich wenig Schaden genommen.

A

AUS DEM TAGEBUCH DES FOTOGRAFEN
GUGLIELMO DE'MICHELI

Das toskanische Städtchen Pienza, in dem die Familie Pellegrini lebt, zieht — im Gegensatz zu anderen Landstrichen Italiens — nicht sonderlich viele Touristen an. Wie auch andere italienische Kleinstädte ist Pienza ruhig und freundlich. Als die Eltern mit ihrer kleinen Tochter zum Stadtpark gingen, hatte es für mich den Anschein, als seien sie mit allen Menschen befreundet, denen sie auf diesem Spaziergang begegneten. Solche Nähe hat aber auch ihre Nachteile. Nachdem wir die Familie mit all ihrer Habe vor dem Haus aufgebaut hatten, glaubten viele Nachbarn, hier fände ein Privatflohmarkt statt, nahmen Gegenstände in die Hand und fragten nach dem Preis. — In jenen Tagen habe ich mir mehr als einmal gewünscht, ich könnte mit den Pellegrinis tauschen. Gewiß, die Rezession macht sich auch hier bemerkbar, und Daniela und Fabio haben durchaus Probleme. Doch was mich betrifft, wäre es mir allemal lieber, finanzielle Sorgen in Pienza zu haben, als an einem Ort wohlhabend zu sein, wo man erst eine Stunde mit dem Auto fahren muß, bis man seinem Kind einen Baum zeigen kann.

B

Fabio Pellegrini ist nicht nur Lehrer, sondern auch studierter Jurist. Er sitzt für die Partei der Grünen im Stadtparlament, und er schreibt Bücher. All das macht ihn zum Dauergast in der Stadtbibliothek (A). Fromme Bildchen finden nur noch einen Platz ganz hinten im Regal (B). In der gemütlichen Behausung der Familie herrscht eine mühsam gebändigte Unordnung. So auch in dem Kleiderschrank der Tochter (C). Der Wäschekorb quillt über — auch das offenbar ein alltägliches Symbol westlichen Wohlstands (D). Caterina pustet die Kerzen auf ihrer Geburtstagstorte aus. Zu ihrem Fest sind viele kleine Gäste und deren Mütter gekommen (E).

C

D

E

SPANIEN

Die Schäden des Booms

Segovia, Spanien

Familie de Frutos

Fotos: José Manuel Navia

PERSONEN AUF DEM FOTO

1. José Maria de Frutos, 25, Vater
2. Paloma Vazquez Pedrero, 23, Mutter
3. Sheila de Frutos, 5, Tochter

DER BESITZ DER FAMILIE

Von links, im Uhrzeigersinn:
- Fahrräder (3)
- Geschirrspülmaschine mit Mikrowellengerät, Bildern (2), Keramikhund und Jagdgewehr
- Topfpflanze
- Waschmaschine mit Espressomaschine und Sporttrophäe
- Tisch mit Stühlen (4), Geschirr, Gläsern, Besteck und Obstschale
- Tisch mit Figur und Lampe
- Tisch mit Stühlen (2) und Geschirr
- Schrank
- Bett mit Spielzeug
- Nachttisch mit Lampe
- Truhe, Kindertafel und Spielzeug
- Tisch mit Stühlen (3)
- Frisierkommode mit Nippes
- Doppelbett mit Nachttischen (2), Lampen (2) und Bild
- Spiegelparavent
- Teppich
- Sofa, Sessel (2) und Tisch
- Bilder (2)
- Kommoden (5) mit Fernsehgerät, Vasen, Radio und Bild
- Schrank mit Kleidung
- Topfpflanze
- Amphoren (2) mit Ständer
- Stereoanlage
- Auto mit ausgestopften Vögeln (2)
- Hund

A

B

Nach José María de Frutos' Überzeugung sollte der Mann in einer Familie der Ernährer sein und die Frau sich um Haushalt und Kinder kümmern. Und so sind die Rollen des Ehepaares auch verteilt. Paloma Vazquez Pedrero liebt es, beim Putzen immer mal wieder einen Blick auf die im Fernsehen laufenden Seifenopern zu werfen, in Spanien „culebrones" genannt (A). Nachdem José María morgens das Haus verlassen hat, wird die fünfjährige Sheila geduscht (B). Paloma und José María haben einander als Teenager kennengelernt, aber erst geheiratet, als Tochter Sheila schon zwei Jahre alt war. In die Kirche gehen sie nur bei Hochzeiten oder Kindstaufen. José María kocht gern für die Familie, was ihm Spaß bringt, da er in Segovia eine Zeitlang als Koch gearbeitet hat (C). Tochter Sheila lernt in der Vorschule nach dem Disney-Buch „Die Schöne und das Biest" lesen (D).

C

D

SPANIEN

AUF EINEN BLICK

Fläche
504 783 km²

Einwohnerzahl
39,2 Millionen

Bevölkerungsdichte
77,6 Menschen pro km²

Kinderzahl pro Frau
1,4

Die Bevölkerung verdoppelt sich
in über 100 Jahren

Anteil der städtischen/ländlichen Bevölkerung
78,4%/21,6%

Lebenserwartung
Frauen: 80,5 Jahre
Männer: 74,0 Jahre

Säuglingssterblichkeit
7 auf 1000 Geburten

Auf einen Arzt kommen
280 Menschen

Anteil der Analphabeten
Frauen: 7%, Männer: 3%

Bruttosozialprodukt pro Kopf
14 020 US $

Rang auf der Entwicklungsliste der Uno
23

Spanien war lange Außenseiter in Europa. Sein Sonderweg begann im 8. Jahrhundert, als es an maurische Invasoren fiel. Unter muslimischen Herrschern genoß „al-Andalus" eine wirtschaftliche und kulturelle Blüte. Im 15. und 16. Jahrhundert stieg es — inzwischen dem Christentum zurückerobert — zur führenden Weltmacht auf und erwarb im neu entdeckten Amerika ein gewaltiges Reich, das es erbarmungslos ausbeutete. Doch im 17. Jahrhundert setzte der Niedergang ein, und zu Beginn des 20. Jahrhunderts war aus dem Reich ein Hinterhof Europas geworden. Revolution und Bürgerkrieg in den zwanziger und dreißiger Jahren stürzten Spanien weiter ins Elend, und das faschistische Regime General Francos, der die Republikaner 1939 besiegt hatte, isolierte es noch mehr. Erst nach Francos Tod 1975 erlebte das erneuerte, demokratische Königreich einen ökonomischen und außenpolitischen Aufstieg und ist heute Teil der Europäischen Union. Autonomiebestrebungen einzelner Landesteile, besonders die Attacken baskischer Terroristen, halten Spanien seit Jahren in Unruhe. Auch die Folgen wirtschaftlicher Überhitzung — soziales Ungleichgewicht, wachsende Arbeitslosigkeit, Inflation, ökologische Probleme — und nicht zuletzt eine Jahrhundertdürre im Süden haben den Optimismus erodiert und das Renommee des seit 1982 regierenden Ministerpräsidenten Felipe González angenagt.

B

C

José María de Frutos geht an Wochenenden mit Freunden in den Bergen auf die Kaninchen- und Wildschweinjagd. Seine Trophäen Jagdbeute müssen sorgfältig gereinigt werden (A). Wenn er fort ist, genießen Sheila und Paloma die Wohnung auch mal für sich allein (B). Im Keller hat sich Tierpräparator José María eine Werkstatt eingerichtet, in der er seine Jagdbeute bearbeitet (C).

FAMILIE DE FRUTOS

Familienmitglieder
3

Größe der Wohnung
72 m²
(Wohnzimmer, Küche,
2 Schlafzimmer)

Arbeitszeit pro Woche
35 Std. (Vater)
50 Std. (Mutter – im Haushalt)

Familie de Frutos gibt 40% ihres Einkommens für Lebensmittel aus

Zahl der
Radios: 1, Telefone: 1,
Stereoanlagen: 1, Fernsehgeräte: 1,
Videorecorder: 1, Autos: 1

Der wertvollste Besitz
Ein gut gefüllter Kühlschrank
(für Vater)
Stereoanlage (für Mutter)

Sehnlichster Wunsch
Auto mit 4-Rad-Antrieb (Vater)
Kleid, neue Schuhe (Mutter)
Ein Brüderchen (Tochter; Eltern sagen,
daß ihnen ein Kind genügt)

AUS DEM TAGEBUCH DER FOTOGRAFEN JOSÉ MANUEL NAVIA UND ANNA SEVER

In den Reisebeschreibungen wird Segovia als „la España profunda", das Spanien schlechthin, gesehen. Doch das Segovia, in dem die Familie de Frutos lebt, ist für sie nicht dieses geschichtsträchtige Herzland, in dem die Zeit stillzustehen scheint. Sie gehören zur ersten Generation jener Spanier, die einen europäischen Lebensstil pflegen — doch der ist gar nicht so anders als der ihrer Eltern. Paloma Vazquez Pedrero gibt sich mit der traditionellen Rolle der Hausfrau und Mutter zufrieden. José Maria de Frutos verbringt seine freie Zeit überwiegend mit Freunden und wollte sich dabei nicht fotografieren lassen. Europa hin, europäische Liberalität her — die Arroganz der Kastilier schottet sie gesellschaftlich stark ab. Das Heim ist heilig, und wie es dort aussieht, geht niemanden etwas an. So konnten wir den materiellen Besitz der Familie de Frutos denn auch nicht vor den Augen neugieriger Nachbarn ausbreiten, sondern mußten das Familienfoto draußen vor der Stadt aufnehmen.

GROSSBRITANNIEN

Erben verlorener Größe

Godalming, England

Familie Hodson

Fotos: David Reed

PERSONEN AUF DEM FOTO

1. Richard Hodson, 43, Vater
2. Fenella Hodson, 43, Mutter
3. Alice Hodson, 15, Tochter
4. Eleanor Hodson, 13, Tochter

DER BESITZ DER FAMILIE

Von links, im Uhrzeigersinn:
- Tisch mit Stühlen (4), Geschirr und Kuchen
- Ruderblatt
- Kleidung
- Korb mit Holz
- Spiegel
- Tisch mit Stereoanlage, CDs und Fernsehgerät
- Fahrräder (4)
- Grill
- Autos (2)
- Schubkarre, Gartengeräte, Rasenmäher
- Segelboot
- Sofa mit Bild
- Sessel (3) mit Bildern
- Tisch mit Vase und Nippes
- Beistelltisch mit Lampe
- Stuhl mit Bild
- Schreibtisch mit Lampe
- Regal mit Lampe, Bildern, Fotos und Schulsachen
- Notenständer
- Spiegel
- Truhe mit Flaschen und Squashschläger
- Stühle (3) mit Rucksack
- Doppelbett
- Tische (2) mit Vasen, Kerzenleuchtern
- Kommode mit Lampe und Nippes
- Regal mit Büchern
- Katzenkorb
- Beistelltisch mit Lampe
- Heimtrainer
- „Temptations' Greatest Hits" (Vaters erste selbst gekaufte Schallplatte)
- Zeitungsausschnitte über Bobby Moore (ehemaliger englischer Fußballstar)
- Kricketschläger, Beinschützer und Handschuhe, Wellenreitbrett
- Bilder (6)
- Tiefkühltruhe (in der Garage)
- Bett
- Kühlschrank, Waschmaschine, Wäschetrockner, Herd, Radio, Wasserkocher, Staubsauger, Küchenmaschine, Mikrowellengerät, Becher mit Küchenutensilien, Pfeffermühle und Salzstreuer, Töpfe
- Handtuchhalter
- Bett mit Radio/Kassettenrecorder, Hausschuhen und Bademantel
- Stuhl mit Bild
- Querflöte

A

GROSSBRITANNIEN

AUF EINEN BLICK

Fläche
244 110 km²

Einwohnerzahl
58,4 Millionen

Bevölkerungsdichte
239,3 Menschen pro km²

Kinderzahl pro Frau
1,9

Die Bevölkerung verdoppelt sich
in über 100 Jahren

Anteil der städtischen/ländlichen Bevölkerung
91,5%/8,5%

Lebenserwartung
Frauen: 78,6 Jahre
Männer: 73,2 Jahre

Säuglingssterblichkeit
7 auf 1000 Geburten

Auf einen Arzt kommen
710 Menschen

Bruttosozialprodukt pro Kopf
17 760 US-$

Rang auf der Entwicklungsliste der Uno
10

Das Vereinigte Königreich, bis nach dem Zweiten Weltkrieg Zentrum eines weltweiten Imperiums, ist heute kaum mehr als ein Teil Europas. An diese reduzierte Rolle muß die einstige Weltmacht sich noch immer gewöhnen. Die Anpassung ist auch deshalb schwierig, weil die industrielle Basis sich erschöpft hat — nicht zuletzt, weil sie sich auf die Stellung Großbritanniens als Lieferant für ein ausgedehntes Kolonialreich gründete. In den achtziger Jahren hat die konservative Regierung Thatcher die Wirtschaft durch Privatisierung und Förderung des Unternehmertums zu beleben versucht, was nur teilweise gelang, aber zur Folge hatte, daß zahlreiche öffentliche, insbesondere kulturelle Einrichtungen ihre staatliche Förderung völlig oder nahezu verloren, hohe Langzeitarbeitslosigkeit entstand und die schroffen Klassengegensätze sich noch verschärften. In der Bevölkerung sind tiefsitzende Ängste aufgebrochen — geschürt von einer aggressiven Boulevardpresse, die selbst das Königshaus nicht verschont: Man sieht den traditionellen Way of life bedroht, auch durch die nach der Einwanderung von Millionen Immigranten aus dem Commonwealth entstandene multikulturelle Gesellschaft, durch die neuen, engen wirtschaftlichen und politischen Verknüpfungen mit Europa und nicht zuletzt durch den 1994 eröffneten Kanaltunnel. Nach dem Ergebnis der jüngsten Wahlen scheint die Ära der konservativen Regierungen sich ihrem Ende zu nähern.

B

C

W enn Richard Hodson und seine Kollegen von der Feuerwache im Londoner Stadtteil Fulham bei Schnee und Eis ausrücken müssen, wird ihr Einsatz zu einem besonderen Wagnis (A). Richard Hodson ist seit 20 Jahren bei der Berufsfeuerwehr. Dafür soll ihm ein Orden verliehen werden. Zur Verleihungszeremonie kommt die Familie mit in die Stadt (B). Er mag seinen Beruf, hat sich aber bis heute nicht an den Schichtdienst gewöhnen können. Doch er ist nicht der einzige in der Familie, der auch abends und nachts arbeiten muß. Fenella Hodson hat eine Halbtagsstelle als Krankenschwester am Royal-Surrey-Krankenhaus (C). Wenn die Familie von ihrem Verdienst auch kaum etwas zurücklegen kann, so kommt sie, wie Richard sagt, „doch wenigstens ohne Schulden durch". Die 15jährige Alice hat an einigen Abenden in der Woche einen Job als Babysitter (D).

D

A

B

C

D

Ein typischer Samstag bei der Familie Hodson: Fenella hat Besuch von ihren Eltern, die auch in Godalming wohnen (A). Alice erhält Flötenunterricht und spielt manchmal mit ihrer Lehrerin im Duett (B). Eleanor geht in den Tanzunterricht (C). Der passionierte Segler Richard nimmt an diesem Wochenende mit seinem Boot an einer Regatta teil und landet auf dem dritten Platz (D). An einem solchen Tag trifft die Familie sich erst zum gemeinsamen Abendessen wieder.

FAMILIE HODSON

Familienmitglieder
4

Größe der Wohnung
80 m²

Arbeitszeit pro Woche
42 Std. (Vater)
17 – 27 Std. (Mutter – ohne Haushalt)

Familie Hodson gibt 25% ihres Einkommens für Lebensmittel aus

Zahl der
Radios: 5, Telefone: 4, Stereoanlagen: 3, Fernsehgeräte: 2, Videorecorder: 0, Autos: 2

Der wertvollste Besitz
Segelboot (für Vater)

AUS DEM TAGEBUCH DES FOTOGRAFEN
DAVID REED

Wenn es auch die meiste Zeit geregnet hat und die Fotos aus dem Alltag dadurch sehr britisch geworden sind, so hatten wir bei der Produktion des Familienfotos Glück mit dem Wetter. Wir steckten mitten in der Arbeit, als Richard Hodson von der Nachtschicht nach Haus kam. Ich hatte befürchtet, er könnte womöglich zu müde sein, doch er war mit großem Eifer bei der Sache und schleppte ständig neue Gegenstände heran. Unter anderem auch einen Rucksack aus Pfadfindertagen und eine Collage aus Zeitungsausschnitten und Fotos des Fußballspielers Bobby Moore, dem Spielführer der englischen Weltmeistermannschaft von 1966. Die Familie Hodson hat mit wahrer Engelsgeduld in der Küche angehalten, während wir immer noch etwas umstellten und neu arrangierten. Ich muß gestehen, daß ich gehofft hatte, Richard im Feuerwehrauto zu einem Brand begleiten zu können. Statt dessen haben wir nur einen falschen Alarm nach dem anderen erlebt. Eines aber ist klar: Mit Blaulicht kommt man auf den Londoner Straßen rascher voran als ohne...

BOSNIEN-HERZEGOWINA

Jeder gegen jeden
Sarajevo, Bosnien-Herzegowina

Familien Demirović und Bucalović

Fotos: Alexandra Boulat

PERSONEN AUF DEM FOTO

1. Lokman Demirović, 67, Vater
2. Nafja Demirović, 65, Mutter
3. Arina Bucalović, 26, Tochter
4. Nedžad Bucalović, 23, ihr Mann
5. Nadja Bucalović, 2, ihre Tochter
H. Mietshaus mit Wohnung der Familie
   UN-Soldaten (2)

DER BESITZ DER FAMILIE

Von links, im Uhrzeigersinn:
- Schüssel
- Nachttopf
- Holzofen mit Geschirr und Töpfen (3)
- Staubsauger
- Fahrrad
- Matratze
- Bild
- Lastwagenwrack (gehört nicht der Familie)
- Kleidung
- Anrichte mit Geschirr, Vorratsdosen (3), Uhr, Fernsehgerät und Vase
- Kühlschrank mit Korb, Medikamenten, Tonbändern und Bedienungsanleitungen
- Bild
- Spiegel
- Kinderbett mit Stofftier
- Kleidung
- Bettzeug
- Bild
- Besen
- Kommode mit Radio/Kassettenrecorder
- Pflanzen (6)
- Sessel (2)
- Tisch
- Sofa
- Dreirad
- Geschoßhülse eines Mörsers (von der Front mitgebracht)
- Kinderkarre mit Gefäßen zum Wasserholen

A

Die zweijährige Nadja wächst in einem Land auf, in dem die Jungen Krieg spielen. In den Straßen Sarajevos ist das aber alles andere als ein Spiel (A). Seit die Gasversorgung zusammengebrochen ist, hat Arina gelernt, mit dem Holzofen umzugehen. Sie ist mit ihrer Familie aus den Bergen zu den Eltern ins Zentrum von Sarajevo geflüchtet. Alle konnten nur mitnehmen, was sie auf dem Leib trugen (B). Die Familie muß ständig befürchten, daß das Mietshaus von den umliegenden Bergen aus unter Artilleriebeschuß genommen wird. Und die permanente Bedrohung durch Heckenschützen macht die Wohnung praktisch zum Gefängnis. Lokman Demirović, ein pensionierter Neurochirurg, verbringt die meiste Zeit am Radio oder stellt aus Abfällen Brennmaterial her. Er sammelt Papier und Pappe und läßt es einen Tag lang im Wasser quellen. Dann mischt er Plastikabfälle hinein, knüllt die feuchte Masse um eine Kastanie und legt die Papierkugeln zum Trocknen aufs Fensterbrett (C). Zwei Passanten, denen man die Erleichterung anmerkt, eine gefährliche Straße unbeschadet überquert zu haben (D). Arinas Mann Nedžad Bucalović hat früher als Friseur in einem Hotel gearbeitet. Jetzt übt er seinen Beruf nur noch in der häuslichen Umgebung aus (E).

FAMILIEN DEMIROVIĆ UND BUCALOVIĆ

Familienmitglieder
5

Größe der Wohnung
60 m²

Bezahlte Arbeitszeit pro Woche
0 Std. (nur der Schwiegersohn erhält einen monatlichen Sold)

Zahl der
Radios: 1, Telefone: 0, Kassettenrecorder: 1, Stereoanlagen: 1, Fernsehgeräte: 1, Autos: 1 (durch Artilleriebeschuß zerstört)

Der wertvollste Besitz
Anatomiebuch, Radio (für Vater) Lampe (für Mutter)

B

C

D

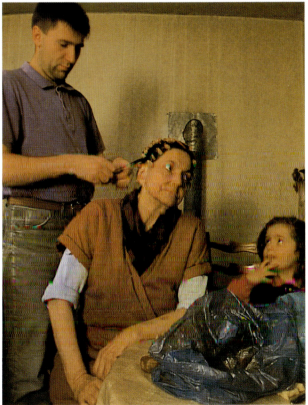

E

BOSNIEN-HERZEGOWINA

AUF EINEN BLICK

Fläche
51 129 km²

Einwohnerzahl
4,4 Millionen

Bevölkerungsdichte
87 Menschen pro km²

Kinderzahl pro Frau
1,6

Anteil der städtischen/ländlichen Bevölkerung
36,2%/63,8%

Lebenserwartung
Frauen: 77,7 Jahre
Männer: 72,1 Jahre

Säuglingssterblichkeit
13,2 auf 1000 Geburten

Auf einen Arzt kommen
624 Menschen

Anteil der Analphabeten
Frauen: 23,4%, Männer: 3,5%

Bruttosozialprodukt pro Kopf
3200 US-$

Das im Lauf der Jahrhunderte nacheinander von Ungarn, Türken und Österreichern okkupierte und 1929 Jugoslawien zugesprochene gebirgige Land ist zum grausigen Symbol geworden für die Unfähigkeit der Europäer, mit ihren Nachbarn friedlich zusammenzuleben. Im kommunistischen Jugoslawien noch kaschierte Gegensätze und Spannungen zwischen orthodoxen Serben, katholischen Kroaten und Muslimen haben sich nach dem Zusammenbruch des Regimes Ende der achtziger Jahre um so heftiger entladen: Seit 1991 tobt in Bosnien-Herzegowina ein erbittert geführter Bürgerkrieg zwischen den von Belgrad massiv unterstützten Serben einerseits und den — mal miteinander, mal gegeneinander kämpfenden — Kroaten und Muslimen andererseits. Vor allem auf serbischer Seite ist es dabei regelmäßig zu Kriegsverbrechen wie etwa Massenvergewaltigungen oder den berüchtigten „ethnischen Säuberungen" gekommen. Ein Ende der Kampfhandlungen ist nicht abzusehen.

A

Im belagerten Sarajevo bestimmt der Krieg den Alltag. Um Heckenschützen und serbische Artilleristen in den Hügeln rund um die Stadt zu behindern, haben Stadtbewohner improvisierte Sichtblenden und Barrieren aus Trümmerteilen, ausgebrannten Fahrzeugen und Stoffbahnen errichtet (A). Das Wohnzimmer einer benachbarten Wohnung im Haus der Familie Demirović wurde von Granateinschlägen verwüstet (B). Neben der ständigen Bedrohung ist auch der Mangel immer schwerer zu ertragen. Niemand in der Familie hätte sich je vorstellen können, einmal längere Zeit ohne Elektrizität, Gas und fließendes Wasser auskommen zu müssen. Lebensmittel sind so knapp, daß fast alle Familien Balkone und Flachdächer nutzen, um Gemüse zu ziehen. Und jeder ist pausenlos damit beschäftigt, sich auf den Schwarzmärkten nach Nahrung umzusehen. Vieles spielt sich dabei im Schutz der Dunkelheit ab. Dieser Mann wagt sich auch bei Tage ins Freie (C). Zwei Kilo Äpfel kosten bei ihm umgerechnet zwölf, die Karotten je drei US-Dollar. Das kann Familie Demirović sich nicht leisten. Nedžads Sold entspricht dem Gegenwert von drei Dollar im Monat.

B

C

A

B C

222

Nachts schweigen meist die Waffen, und Lokman Demirović grübelt oder versucht, bei Kerzenschein noch ein wenig zu lesen. Er schläft für gewöhnlich auf der Couch. Tochter und Schwiegersohn schlafen auf einer Matratze auf dem Fußboden. Manchmal verbringt Lokman die Nacht in der Küche, damit die jungen Leute das Zimmer für sich allein haben. Er ist sehr verbittert. So hat er sich sein Leben nicht vorgestellt, als er 1988 in Pension gegangen ist. „Wir leben geradezu wie die Tiere", sagt er (A). Kriegsopfer sind überall zu sehen: Diese Frau ist mit ihrem Kind, das dabei ebenfalls verwundet wurde, in einen Feuerüberfall geraten (B). Im ersten Morgengrauen geht Arina zur nächsten öffentlichen Wasserstelle. Das Auto der Familie ist durch Granatsplitter zerstört worden, doch es gibt ohnehin kein Benzin. Sie füllt 15 Plastikflaschen mit Wasser, lädt sie in ihre Kinderkarre und begibt sich wieder auf den Heimweg (C). Bald wird sie sich von Nedžad verabschieden müssen, der erneut eine Woche an die Front muß. Der Abschied fällt jedesmal schwer, weil Nedžad weiß, daß auch seine Familie ständig in Lebensgefahr ist (D).

AUS DEM TAGEBUCH DER FOTOGRAFIN
ALEXANDRA BOULAT

Alle Menschen, denen ich in Sarajevo begegnete, waren erschöpft. Die Stadt steht seit Jahren unter andauerndem Artilleriebeschuß, und alle leben in ständiger Angst vor Heckenschützen. Jeder ist müde vom Kampf ums nackte Überleben. Die Straße, die vom Flughafen ins Stadtzentrum führt, heißt „Heckenschützenallee". Die modernen Hochhäuser zu beiden Seiten sind nur noch unbewohnbare Ruinen. Die Bewohner der ehemaligen Olympiastadt leiden sehr darunter, daß sie jetzt ohne Wasser und elektrischen Strom leben müssen. Sie können weder duschen noch, wie gewohnt, auf einem Elektroherd kochen. Nach Sonnenuntergang verbreiten nur Kerzen und Taschenlampen ein wenig Licht. Der Fünfpersonenhaushalt der Familie Demirović lebt in drangvoller Enge in einer Wohnung, die einmal für zwei Personen gedacht war. Vor dem Krieg fühlten sich alle als ganz gewöhnliche Mitteleuropäer. Sie besaßen Stereoanlagen und Fernsehgeräte, machten in Italien Urlaub, trugen modische Kleidung und benutzten amerikanisches Makeup. Jetzt sitzen sie in Sarajevo in der Falle. Einige Wände in ihrer Wohnung weisen Einschußlöcher auf. Der Balkon hat 1992 einen Granattreffer abbekommen. Während meiner Anwesenheit schlugen dort erneut zwei Gewehrkugeln ein. Nafja, Arinas Mutter, hatte vor meiner Ankunft fast drei Jahre lang die Wohnung nicht verlassen und wollte anfangs auch für das Familienfoto nicht ins Freie gehen. Und dann hat sie doch den ganzen Nachmittag auf der Straße verbracht und sich mit Freunden unterhalten. Am Abend ist sie mit leuchtenden Augen ins Haus gegangen. Ich denke, sie hat den Krieg wenigstens für ein paar Stunden vergessen können.

D

DIE TOILETTEN DER WELT

KUWAIT

MEXIKO

THAILAND

DEUTSCHLAND

JAPAN

ÄTHIOPIEN

SÜDAFRIKA

KUBA

GUATEMALA

MALI

BHUTAN

ALBANIEN

WESTSAMOA

USBEKISTAN

VIETNAM

GROSSBRITANNIEN

MONGOLEI

NAHER

FREMDENFÜHRER WARTEN AUF TOURISTEN,
KAIRO, ÄGYPTEN
FOTO: PETER ESSICK

IRAK

In Acht und Bann
Bagdad, Irak

Familien Saleh und Ali

Fotos: Alexandra Boulat

PERSONEN AUF DEM FOTO

Haushalt der Eltern:
1. Mahdi Saleh, 74, Vater
2. Shaimaa Saleh, 59, Mutter
3. Amira Saleh, 34, Tochter
4. Falah Saleh, 21, Sohn

Haushalt der älteren Tochter:
5. Alia Saleh Ali, 42, Tochter
6. Abed Ali, 45, ihr Mann
7. Wasan Ali, 19, Tochter
8. Sahar Ali, 17, Tochter
9. Hala Ali, 12, Tochter
10. Ahmad, 7, Sohn
11. Suher, 18 Monate, Tochter
    Ikhlas Saleh, 27, Tochter
    (nicht auf dem Foto)

DER BESITZ DER FAMILIE

Auf der Terrasse, von links, im Uhrzeigersinn:
- Sessel (4)
- Sofas (2)
- Tische (3)
- Teppich
- Bilder (3)
- Gitarre und Gitarrenkoffer
- Tisch mit Mokkaservice, Statue und Koran auf Ständer
- Stühle (6)
- Kommode mit Spiegel, Bügeleisen, Kerzenleuchter, Kosmetikartikeln, Familienfotos und Kalender
- Schrank mit Kleidung, Schmuck und Koffer
- Bett mit Nippes
- Beistelltisch
- Nähmaschine
- Herd mit Topf, Kessel und Kanne
- Ausrangiertes Mobiliar
- Decken (4)

Auf dem Dach:
- Fernsehgerät und Uhr
- Sitzbänke (2, eine dritte nur auf dem kleinen Foto zu sehen)
- Decken (2)

A

B

C

IRAK

AUF EINEN BLICK

Fläche
435 052 km^2

Einwohnerzahl
19,8 Millionen

Bevölkerungsdichte
45,7 Menschen pro km^2

Kinderzahl pro Frau
5,7

Die Bevölkerung verdoppelt sich
in 23 Jahren

Anteil der städtischen/ländlichen Bevölkerung
70,4%/29,6%

Lebenserwartung
Frauen: 57 Jahre
Männer: 46 Jahre

Säuglingssterblichkeit
58 auf 1000 Geburten

Auf einen Arzt kommen
1810 Menschen

Anteil der Analphabeten
Frauen: 50,7%, Männer: 30,2%

Bruttosozialprodukt pro Kopf
1940 US-$

Rang auf der Entwicklungsliste der Uno
100

Im Zweistromland zwischen Euphrat und Tigris, wo sich vor Jahrtausenden die Hochkulturen der Sumerer, Babylonier und Assyrer entwickelten, herrschen heute Hunger und Elend. Die beiden Kriege, die Saddam Hussein seit 1979 geführt hat, forderten von der Bevölkerung einen hohen Tribut. Allein im achtjährigen Kampf gegen den Iran starben mehr als eine halbe Million Menschen. Nach dem Golfkrieg 1991 verhängte die Uno Sanktionen gegen den Irak. Die Folgen: Jedes zehnte irakische Kind unter fünf Jahren ist unterernährt, etwa 3,6 Millionen Menschen leiden an akutem Nahrungsmangel. Das Embargo soll erst aufgehoben werden, wenn der Irak seine Massenvernichtungswaffen aufgibt. Unterdessen beseitigt Saddam seine innenpolitischen Gegner durch Terror — er unterdrückt im Norden die Kurden und im Süden die Schiiten. Jetzt will er dort, wo Euphrat und Tigris zusammenfließen, fruchtbares Ackerland schaffen. Hierzu muß das größte Sumpfgebiet des Nahen Ostens trockengelegt werden; das würde den 5000 Jahre alten Lebensstil der in den Sümpfen lebenden Schiiten zerstören — und einen bislang schwer zugänglichen Schlupfwinkel von Gegnern Saddams.

Seit Shaimaa Saleh denken kann, bestimmen die täglichen fünf Gebete ihr Leben (A). Sie und Mahdi haben acht Kinder. Drei von ihnen sind noch unverheiratet und wohnen bei den Eltern. Von den fünf verheirateten Saleh-Kindern wohnt die älteste Tochter Alia so nahe beim Elternhaus, daß die beiden Familien praktisch eine Großfamilie bilden. Alias Mann Abed Ali arbeitet für die Armee, der immer noch stärksten Macht im Staat (B). Seine Stellung schützt freilich selbst seine Familie nicht vor den Folgen des internationalen Finanz- und Handelsembargos. Die Schule, die der siebenjährige Ahmad besucht, kann nicht beheizt werden. An kalten Tagen müssen die Schüler deshalb im Klassenzimmer Handschuhe tragen (C). Zum Alltag der Iraker gehört auch das Schlangestehen für rationierte Lebensmittel (D).

Doppelseite zuvor: Der im Golfkrieg von einer US-Bombe getroffene Amiria-Bunker liegt im selben Stadtteil wie das Haus der Familien Saleh und Ali. Der Bunker ist in eine improvisierte Gedenkstätte für die 410 Opfer des Bombenangriffs verwandelt worden. Verwalterin ist eine Frau, deren neun Kinder damals unter den Toten waren.

D

A

B

C

Obwohl sie in einem Haus nach westlichem Muster wohnt, serviert Shaimaa das Essen traditionell auf dem Fußboden: Suppe, Korianderblätter und rote Bete (A). Trotz des Embargos findet man auf den Märkten Bagdads frischen Fisch, Fleisch, Obst und Gemüse (B). In der Küche bereitet Shaimaa eine klassische Gemüsesuppe mit kumingewürzten Teigbällchen zu (C). Wenn der Tisch für die meisten Iraker auch nicht mehr ganz so reichhaltig gedeckt ist, Hunger leiden muß niemand. Und in den Cafés der Stadt bekommt man nach wie vor den süßen irakischen Tee (D).

DIE FAMILIEN SALEH UND ALI

Familienmitglieder
12

Größe der Wohnung
200 m² (Haushalt der Eltern: Eßzimmer, Wohnzimmer, Küche, 3 Schlafzimmer)
150 m² (Haushalt der ältesten Tochter: gleiche Aufteilung)

Arbeitszeit pro Woche
42 Std. (Tochter – arbeitet im Andenkenladen am Flughafen)
42 Std. (deren erste Tochter – arbeitet im selben Flughafenladen)
42 Std. (verheiratete Tochter – Grundschullehrerin)
42 Std. (ihr Mann – Zivilangestellter bei der Armee)

Die Familien Saleh und Ali geben 90% ihres Einkommens für Lebensmittel aus
(vor dem Embargo: 25%)

Zahl der
Radios: 1, Telefone: 1,
Fernsehgeräte: 1, Videorecorder: 1,
Autos: 1

Der wertvollste Besitz
Familie
(für Mahdi und Shaimaa)
Familie, Vaterland, Fernsehgerät
(für Abed Ali)
Ihr Schmuck und ihre Kinder
(für Alia Saleh Ali)

Sehnlichster Wunsch
Ein Ende des Embargos

AUS DEM TAGEBUCH DER FOTOGRAFIN
ALEXANDRA BOULAT

Journalisten müssen sich im Pressezentrum des Informationsministeriums registrieren lassen. Ich habe mich dort gemeldet und wurde, wie jeder Journalist, während meiner Arbeit von einem Führer begleitet. Jeder Fotograf muß 24 Stunden vorher schriftlich um Erlaubnis bitten, ehe er fotografieren darf. Auch das habe ich getan. Die Regierung versucht, das Bild zu kontrollieren, das andere sich von dem Nachkriegs-Irak machen. Sie möchte die Folgen von Bombardements und dem Embargo abgelichtet sehen, nicht aber den echten Mangel. Bestimmte Gebäude darf man nur aus nördlicher, andere wiederum nur aus südlicher Richtung aufnehmen. Fotos der wunderschönen Pferdefuhrwerke, die Heizöl anliefern, waren verboten, weil der Führer/Zensor das Motiv für zu altmodisch hielt. Die Saddam-Uhr dagegen — ein kitschiges Monument mit einer quadratischen Uhr auf der Spitze, errichtet zum ewigen Ruhme Saddam Husseins — durfte ich nicht aufnehmen, weil sie noch unvollendet war. Die Regierung hatte die Familien Saleh und Ali für mich ausgewählt. Bei der Arbeit war ständig ein Aufpasser an meiner Seite. Doch trotz der fast unvermeidlichen Peinlichkeit und fehlenden Vertrautheit habe ich versucht, etwas vom wahren Alltag der Großfamilie einzufangen. Und diese freundlichen Menschen trifft fraglos nicht die geringste Schuld daran, daß die Arbeit im Irak das bisher frustrierendste Erlebnis meines Berufslebens war.

D

KUWAIT

Krösus am Golf
Kuwait City, Kuwait

Familie Abdullah
Familienfoto: Peter Menzel

Fotos: Peter Essick

PERSONEN AUF DEM FOTO

1. Saif Abdullah, 52, Vater
2. Sainab Abdullah, 44, Mutter
3. Lubna Abdullah, 29, Tochter
4. Laila Abdullah, 26, Tochter
5. Abla Abdullah, 16, Tochter
6. Ali Abdullah, 2, Sohn
7. Agnes Fernandes, 25, Hausangestellte
8. Zavier Fernandes, 30, Hausangestellter
H. Haus der Familie mit Satellitenschüssel

DER BESITZ DER FAMILIE

Von vorn (Mitte), im Uhrzeigersinn:
- Chinesische Deckelvasen (2)
- Teppiche und Brücken (17)
- Tisch mit Stühlen (6), Tiffany-Lampe, Mokkakannen
- Teewagen mit Silberservice
- Schrankchen mit Statue
- Autos (4)
- Fahrräder (2)
- Kommode mit Figur
- Sofa (14 Meter lang)
- Tische (3) mit Zeitschriften
- Leopardenfelle (2)
- Büromobiliar mit Radio/Kassettenrecorder, Faxgerät, Computer, Drucker, Lampen (3)
- Antike Uhren (8), Bilder (14), Lockenten (3)
- Kühlschrank
- Waschmaschine und Wäschetrockner
- Tisch mit Stühlen (6), Kinderstuhl, Mikrowellengerät und Grill
- Gartengrill
- Tisch mit Angeln, Sportgeräten
- Doppelbett mit Kommoden (2)
- Beistelltisch mit Radio/Kassettenrecorder, Bügelbrett mit Bügeleisen, Doppelbett, Stühlen (2), Sofa, Sesseln (6), Dreirad, Tisch mit Bild und Kästchen
- Zelt mit Sofa, Tisch, Mokkakannen und Stehpult
- Doppelbett, Frisierkommode, Radio/Kassettenrecorder, Stuhle (5)
- Beistelltische (2) mit Vogelkäfig
- Betten (2) mit Nachttisch, Spielzeug
- Tisch mit Spielzeug
- Truhen (2) mit Topfpflanzen, Gefäß
- Lampe, Korb, Schirmständer
- Sofa
- Beistelltische (3) mit Lampen (2)
- Sessel (2), Schaukelstuhl, Gefäße (6), Körbe (2)
- Tisch mit Topfpflanze
- Bett mit Nachttisch und Lampe
- Kommode mit Nippes
- Schreibtisch mit Stuhl und Büchern
- Sofas (2), Sessel (2)
- Beistelltische (3) mit Nippes, Fernsehgerät und Lampe

A

KUWAIT

AUF EINEN BLICK

Fläche
17 818 km²

Einwohnerzahl
1,4 Millionen

Bevölkerungsdichte
82,4 Menschen pro km²

Kinderzahl pro Frau
3,7

Die Bevölkerung verdoppelt sich
in 16 Jahren

Anteil der städtischen/ländlichen Bevölkerung
96,3%/3,7%

Lebenserwartung
Frauen: 78,1 Jahre
Männer: 74,3 Jahre

Säuglingssterblichkeit
14 auf 1000 Geburten

Auf einen Arzt kommen
690 Menschen

Anteil der Analphabeten
Frauen: 33%, Männer: 23%

Bruttosozialprodukt pro Kopf
10 680 US-$

Rang auf der Entwicklungsliste der Uno
51

Kuwaits Aufstieg begann nach dem Zweiten Weltkrieg, als unter dem Wüstenboden immense Ölvorkommen entdeckt wurden. Das Erdöl machte aus den bettelarmen Kuwaitis Villenbesitzer mit Dienstpersonal. Heute sind 60 Prozent der Einwohner Ausländer, viele aus Fernost. Das Trinkwasser wird mit Hilfe der weltgrößten Meerwasser-Entsalzungsanlagen gewonnen, die meisten Nahrungsmittel müssen importiert werden. Der Reichtum hat Kuwait aber nicht nur Positives beschert: Der Irak erhebt Anspruch auf das Land, seit es 1961 von Großbritannien in die Unabhängigkeit entlassen wurde. 1990 marschierten Saddam Husseins Truppen in Kuwait ein und besetzten es fünf Monate lang, ehe eine UN-Streitmacht unter Führung der USA die Besatzer während des Golfkriegs wieder vertrieb. Die Kämpfe richteten enorme Schäden an: In der Wüste hinterließen die Iraker tödliche Minenfelder. Und es dauerte zehn Monate, ehe alle in Brand gesteckten Ölquellen gelöscht waren. Seither ist Kuwait verändert. Die regierende Dynastie der Sabahs kündigte demokratische Reformen an, die aber noch immer nicht umgesetzt worden sind. Und die Furcht vor erneutem Angriff besteht fort, denn trotz der UN-Sanktionen betrachtet der Irak Kuwait weiterhin als seine 19. Provinz.

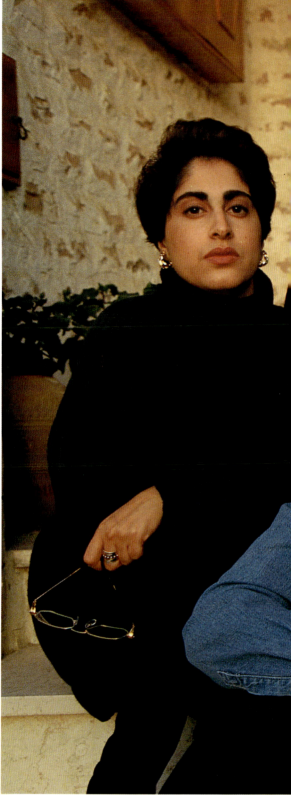

B

C

Die 26jährige Laila Abdullah beim morgendlichen Make-up, kurz vor der Fahrt zur Arbeit. Sie ist Meeresbiologin und bei der Kuwait National Petroleum Company angestellt (A). Saif Abdullah ist Professor für Politikwissenschaften. Er hat an der Indiana University promoviert und seine Kinder auf amerikanische Colleges geschickt (B, hintere Reihe von links: Lubna, Mutter Sainab, Saif, Ali, vorn: Abla und Laila). Lubna, die älteste der drei Töchter, arbeitet als Graphikerin fürs staatliche Fernsehen (C). Die 16jährige Abla besucht die Abschlußklasse der American School of Kuwait, wo sie ein Star des Mädchen-Basketballteams ist. Obwohl sie sich als gläubige Mohammedanerin bezeichnet, ist sie, was ihre Zukunftschancen in einer muslimischen Gesellschaft angeht, nicht sonderlich zuversichtlich. „Manchmal habe ich es ganz schön satt, wenn ich sehe, wie Frauen im Islam behandelt werden", sagt sie. Vater Saif Abdullah beim Unterricht an der Kuwait University (D).

D

A

B

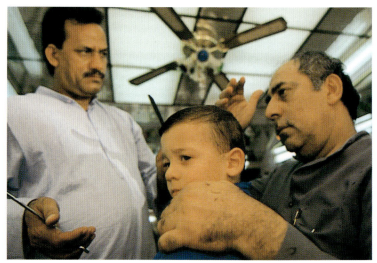

C

FAMILIE ABDULLAH

Familienmitglieder
7 (ein Sohn studiert in Amerika)

Größe der Wohnung
450 m² (4 Schlafzimmer,
2 Wohnzimmer, Küche, Eßzimmer,
4 Badezimmer,
1 Zimmer für Hauspersonal.
Untergeschoß mit
Büro, Bar und Hallenbad)

Familie Abdullah gibt 29% ihres
Einkommens für Lebensmittel aus

Abzahlung für das Haus
0% (Hypothek nach dem
Krieg von der Regierung erlassen)

Zahl der
Radios: 4, Telefone: 5,
Fernsehgeräte: 2, Videorecorder: 2,
Computer: 1, Autos: 4

Der wertvollste Besitz
Keine Angaben (Vater)
Foto vom Sohn in Amerika (für Mutter)

Sehnlichster Wunsch
Boot zum Angeln, höheres
Einkommen und mehr Freizeit
für Urlaubsreisen

Das Frühstück ist gerichtet, und die Familie trifft sich in der Küche. Wenn alle aus dem Haus sind, bleiben die indischen Angestellten Zavier und Agnes allein zurück. Sie sind um 5.15 Uhr aufgestanden und machen erst um 15.00 Uhr eine Stunde Pause. Sie dürfen das Haus nicht verlassen. Ihr einjähriger Sohn ist bei den Großeltern in Goa geblieben (B). Bevor Ali an diesem Morgen in den Montessori-Kindergarten geht, bringt Vater Saif Abdullah den zweieinhalbjährigen noch kurz zum Friseur (C). Nach dem Frühstück fährt Lubna Abdullah ins Stadtzentrum zum Fernsehsender (D).

AUS DEM TAGEBUCH DES FOTOGRAFEN
PETER ESSICK

Was ihr Einkommen und ihren Lebensstil angeht, gehört die Familie Abdullah wohl tatsächlich zum kuwaitischen Durchschnitt, obwohl sie mit ihrem Lebensstandard selbst in Industrienationen fraglos zu den Bessergestellten zählen würde. Sonst aber ist sie alles andere als durchschnittlich. So war Saif Abdullah einer der Führer des antiirakischen Widerstands im Ausland. Seine beiden ältesten Töchter haben sich (als zwei von insgesamt neun Frauen) während des Golfkriegs der US-Armee angeschlossen. Manchmal gleicht der Alltag von Saif Abdullah und seinen Angehörigen dem einer betuchten und mobilen amerikanischen Familie: Sie holen sich das MTV-Programm über eine Satellitenschüssel ins Haus, gehen in der überdachten Einkaufspassage auf Shoppingtour und halten während der Autofahrt einen Schwatz am Telefon. Einige Male habe ich erfahren müssen, daß die Abdullah-Töchter sich in der amerikanischen Popkultur besser auskennen als ich — seltsam, wenn man bedenkt, daß ich in Hollywood zur Welt gekommen bin. Andererseits jedoch ist Kuwait alles andere als eine offene Gesellschaft. So hat man mir zum Beispiel immer wieder vorgeschrieben, was ich fotografieren durfte und was nicht. Ein äußerst frustrierendes Erlebnis. Wie den meisten Kuwaitis, mit denen ich gesprochen habe, macht auch Familie Abdullah der kollektive Konsumrausch im Land große Sorgen. „Die Wüste ist zu einem einzigen riesigen Parkplatz geworden", sagt Saif Abdullah und fügt hinzu: „Die Kuwaitis leben nach der Devise, wenn die Zeiten hart werden, geht man am besten erst mal einkaufen."

ISRAEL

Endlich Frieden?
Tel Aviv, Israel

Familie Zaks

Fotos: Peter Ginter

PERSONEN AUF DEM FOTO

1. Dany Zaks, 32, Vater
2. Ronit Zaks, 29, Mutter
3. Yariv Zaks, 4, Sohn
4. Noah Zaks, 9 Monate, Tochter
H. Wohnung der Familie

DER BESITZ DER FAMILIE

Auf der Plattform am Kran, von links nach rechts:
- Schuhe und Hausschuhe (17 Paar)
- Beistelltisch mit Büchern
- Tisch mit Stühlen (4)
- Kinderstuhl
- Laufstall (zusammengeklappt)
- Ventilator
- Radiator
- Doppelbett
- Auto
- Kommode mit Fernsehgerät
- Kleidung
- Sofa
- Sessel mit Gitarre
- Tisch
- Beistelltisch mit Topfpflanze und Büchern
- Schränke (2) mit Kleidung
- Bett
- Regal mit Büchern
- Kühlschrank
- Herd mit Töpfen
- Waschmaschine und Wäschetrockner
- Regal mit Geschirr, Küchenutensilien, Thermoskanne und Baseballmütze
- Schreibtisch mit Regal, Papieren und Büchern
- Korb mit Spielsachen
- Regal mit Stereoanlage, Schreibmaschine, Menorah und Schallplatten
- Boxen (4) mit CDs und Buch
- Sofa mit Kissen (3)
- Fahrrad mit Stützrädern
- Computer
- Topfpflanze

A

Am Samstag (Sabbat), dem freien Tag, stehen Dany und Ronit Zaks früh auf und erledigen die Hausarbeit, während die Kinder noch schlafen. Wenn Noah und Yariv wach sind, trifft man sich auf eine gemütliche Runde im elterlichen Bett (A). Dany hat seinen Job als Koch in einem großen Hotel in der eleganten Hayarkon-Straße am anderen Ende der Stadt aufgegeben, weil die Fahrt zur Arbeit im Verkehrsgewühl immer häufiger zum zweistündigen Alptraum geworden war. Jetzt kocht er in einem Schnellrestaurant, fünf Minuten von seiner Wohnung entfernt (B). Zu Hause kümmert Ronit sich um die Kinder und verdient etwas nebenbei, indem sie auf dem Computer Berichte für einen Privatdetektiv schreibt (C). Samstags nachmittags fährt die Familie Zaks gern mit den Kindern an den nahen Strand. Diesmal ist auch Ronits 19jährige Schwester dabei. Sie genießt den letzten freien Tag, ehe sie zur Armee eingezogen wird (D).

B

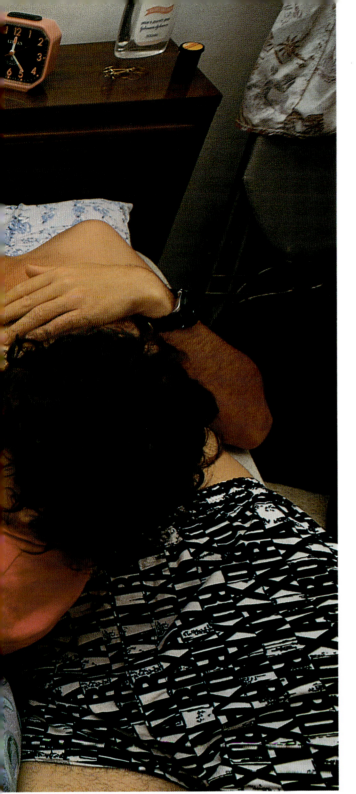

D

C

ISRAEL

AUF EINEN BLICK

Fläche
20 700 km²

Einwohnerzahl
5,3 Millionen

Bevölkerungsdichte
243,2 Menschen pro km²

Kinderzahl pro Frau
2,9

Die Bevölkerung verdoppelt sich
in 47 Jahren

Anteil der städtischen/ländlichen Bevölkerung
90,4%/9,6%

Lebenserwartung
Frauen: 78,5 Jahre
Männer: 75,1 Jahre

Säuglingssterblichkeit
9 auf 1000 Geburten

Auf einen Arzt kommen
350 Menschen

Anteil der Analphabeten
Frauen: 7,3%, Männer: 2,9%

Bruttosozialprodukt pro Kopf
13 230 US-$

Rang auf der Entwicklungsliste der Uno
19

Nach einem blutigen Unabhängigkeitskrieg, der Einwanderung Überlebender des Holocaust und zahlloser Flüchtlinge aus Europa und arabischen Staaten wurde 1948 Israel gegründet. Seither ist das Land kaum je zur Ruhe gekommen. Der Staat, als Heimstatt der Juden im vorwiegend arabischen Palästina ausgerufen, galt seinen Nachbarn von Anfang an als Fremdkörper. Offener Haß führte zu insgesamt fünf Kriegen, hinzu kamen unzählige Grenzverletzungen, Raketenüberfälle, Vergeltungsschläge. Mit Unterstützung des Westens behauptete Israel sich in allen Auseinandersetzungen und besetzte arabische Gebiete, die es später zum Teil wieder räumte. Nach schwierigen Verhandlungen kam es 1993 zu einer vorläufigen israelisch-palästinensischen Vereinbarung. Seither existiert rund um Jericho und im Gaza-Streifen eine palästinensische Selbstverwaltung — vielleicht der erste Schritt auf dem Weg zu einem autonomen Palästina und einem Ende der Feindseligkeiten. Da es den Israelis trotz ständiger militärischer Bedrohung gelungen ist, ein leistungsfähiges Wirtschaftssystem aufzubauen und Hunderttausende von Einwanderern aus unterschiedlichsten Kulturkreisen zu integrieren, wird ihr Land in Friedenszeiten vielleicht erst richtig aufblühen.

A

Zwar verbringt der vierjährige Yariv schon einen Großteil des Tages in der Vorschule. Aber dafür hält die quirlige neun Monate alte Noah ihre Mutter ständig auf Trab. Ronit Zaks muß sie immer mit sich herumtragen, um sie beaufsichtigen zu können (A). Zweimal pro Woche paßt Ronits Mutter auf die Kinder auf. Diese Zeit nutzt Ronit, um am Computer zu arbeiten oder eine Ladung Wäsche zu waschen (B). Zu Dany Zaks' größtem Kummer spielen die Kinder am liebsten mit seinen Schallplatten und der Stereoanlage, seinem ganzen Stolz. Es gibt extra ein paar „Opfer-Scheiben" für die Kinder (C). Die ganze Familie trifft sich auf dem Hochzeitsfest von Ronits Cousine (D).

B

C

D

FAMILIE ZAKS

Familienmitglieder
4

Größe der Wohnung
62 m² (3-Zimmer-Wohnung)

Arbeitszeit pro Woche
70 Std. (Vater)
28 Std. (Mutter – nur bezahlte Arbeit, Hausarbeit nicht mitgerechnet)

Familie Zaks gibt 22% ihres Einkommens für Lebensmittel aus

Zahl der
Radios: 1, Telefone: 1,
Stereoanlagen: 1, Fernsehgeräte: 1,
Videorecorder: 0, Autos: 1

Der wertvollste Besitz
Die Kinder. Sonst nichts (Eltern)

Sehnlichster Wunsch
Eine sichere Zukunft, einen Videorecorder, eine Kamera, ein höheres Einkommen

AUS DEM TAGEBUCH DES FOTOGRAFEN
PETER GINTER

Eine lebhaftere Gruppe als die Familie Zaks und deren Freunde in Tel Aviv hatte ich vorher noch nie kennengelernt. Ganz gleich, ob Besucher am Nachmittag oder mitten in der Nacht anklopften — stets wurden sie willkommen geheißen, und so haben wir manche Stunde um den Küchentisch gesessen, haben getrunken und diskutiert. Als ich die Familie nach ihrem wertvollsten Besitz fragte, mochte Dany Zaks keinen nennen. Er sei heil aus einem Krieg zurückgekommen, sagte er, und außer einer glücklichen Zukunft für seine Kinder sei ihm alles schnuppe. Wie viele andere Israelis, mit denen ich gesprochen habe, machen sich auch Dany und Ronit Zaks Sorgen um ihre Zukunft. Auch ich hatte meine Probleme in Israel. Es ging um das Familienfoto. Wir mußten uns die Erlaubnis von der Polizei holen, für die Versicherungen sorgen, die Plattform organisieren und uns mit wenig hilfsbereiten Nachbarn herumschlagen. Zum Beispiel war ein Mann empört, weil unser Kran eine Zeitlang seine liebste Parklücke blockiert hatte. Als es endlich soweit war, zweifelte Ronit Zaks immer noch daran, daß sie ihre Höhenangst überwinden könnte. Dann aber sprang der vierjährige Yariv mit einem „Let's go!" auf die Plattform, und Ronit folgte ihm mit einem halb amüsierten, halb ungläubigen Kopfschütteln.

Die Länder – auf einen Blick

Land	Fläche in 1000 km² (Stand 1994)	Einwohner in Millionen (Schätzung Jahresmitte 1994)	Einwohner pro km² (Stand 1994)	Kinderzahl pro Frau (1990–1995)	Verdoppelung der Bevölkerungszahl in Jahren (Stand 1994)	Anteil der städtisch/ländlichen Bevölkerung in % (Stand 1994)	Lebenserwartung Frauen/Männer in Jahren (Stand 1993)	Säuglingssterblichkeit auf 1000 Geburten (1990–1995)	Einwohner pro Arzt (Stand 1990)
Albanien	28,7	3,3	117,4	2,7	37	36,1/63,9	76,2/70,0	23	720
Argentinien	2780,4	33,8	12,1	2,8	63	86,9/13,1	74,8/68,1	29	330
Äthiopien	1133,8	53,3	47,1	7,0	19	13,0/87,0	48,7/45,4	122	33 330
Bhutan	47,0	1,7	36,1	5,9	30	6,0/94,0	49,6/50,7	129	13 110
Bosnien-Herzegowina	51,1	4,4	87,0	1,6	–	36,2/63,8	77,7/72,1	13,2	624
Brasilien	8511,9	159,0	18,6	2,7	42	75,5/24,5	69,1/63,5	57	670
China	9572,9	1192,3	124,5	2,2	60	28,0/72,0	71,8/68,6	27	730
Deutschland	356,9	81,9	229,4	1,5	–	85,3/14,7	79,8/73,2	7	370
Großbritannien	244,1	58,4	239,3	1,9	–	91,5/8,5	78,6/73,2	7	710
Guatemala	108,8	10,3	94,8	5,4	24	38,5/61,5	66,7/61,5	49	2270
Haiti	27,7	6,4	234,3	4,8	33	30,3/69,7	47,0/43,0	86	7140
Indien	3165,5	913,7	288,4	3,9	36	26,0/74,0	61,2/60,4	88	2440
Irak	435,0	19,8	45,7	5,7	23	70,4/29,6	57,0/46,0	58	1810
Island	102,8	0,2	11,2	2,2	63	91,4/8,6	80,9/75,7	5	355
Israel	20,7	5,3	243,2	2,9	47	90,4/9,6	78,5/75,1	9	350
Italien	301,3	57,2	89,8	1,3	–	66,8/33,2	80,2/73,6	8	210
Japan	377,7	124,9	330,7	1,7	–	77,0/23,0	82,2/76,1	5	610
Kuba	110,8	10,9	99,2	1,9	65	72,8/27,2	77,6/73,9	14	270
Kuwait	17,8	1,4	82,4	3,7	16	96,3/3,7	78,1/74,3	14	690
Mali	1248,5	8,8	7,1	7,1	23	26,0/74,0	58,2/54,7	159	20 000
Mexiko	1958,2	91,8	46,8	3,2	26	71,3/28,7	73,1/66,5	35	1850
Mongolei	1566,5	2,2	1,4	4,6	27	59,0/41,0	65,0/63,0	60	340
Rußland	17 075,4	148,1	8,7	1,8	–	73,3/26,7	73,2/59,0	19	210
Spanien	504,7	39,2	77,6	1,4	–	78,4/21,6	80,5/74,6	7	280
Südafrika	1223,2	41,7	34,0	4,1	27	60,3/39,7	68,0/62,0	53	1640
Thailand	513,1	57,5	112,2	2,2	50	17,7/82,3	71,0/66,0	26	5000
USA	9529,0	260,9	27,3	2,1	101	75,6/24,4	77,6/70,0%	8	420
Usbekistan	447,4	22,3	50,0	2,0	26	40,0/60,0	71,8/65,1	37,1	280
Vietnam	329,5	72,3	219,4	3,9	30	20,4/79,6	67,6/63,4	36	2860
Westsamoa	2,8	0,1	57,9	4,5	28	23,0/77,0	70/63,8	47	3570

DEFINITIONEN, QUELLEN, BESONDERHEITEN

FLÄCHE
Definition: Die Angaben beziehen sich auf die gesamte Fläche eines Landes, inklusive der Wasserflächen im Binnenland und der Küste bei Ebbe.
Quelle: Britannica, Book of the Year 1995, Stand 1994.
Indien: Angaben ohne die 121 667 km² großen Gebiete in Jammu und Kaschmir, die von China bzw. Pakistan verwaltet, aber von Indien beansprucht werden.
Irak: Angaben ohne die Gebiete, die aufgrund der Uno-Resolution vom Mai 1992 an Kuwait abgetreten wurden.
Israel: Ohne die besetzten Gebiete Westbank, Gaza-Streifen, Golan-Höhen und Ost-Jerusalem.
Japan: Angaben beinhalten sowohl den Naka- wie auch den Towada-See, insgesamt 158 km².
USA: 9,37 Millionen km², ohne den Anteil der USA an den „Großen Seen" an der Grenze zu Kanada.
Westsamoa: Beinhaltet auch 5 km² unbewohnter Inseln.

EINWOHNERZAHL
Quelle: Britannica, Book of the Year 1995.
Angaben beruhen auf Schätzungen für die Jahresmitte 1994. Sie basieren auf den aktuellsten Zahlen.
Bhutan: Wegen des widersprüchlichen Status der nepalesischen Flüchtlinge schwankt die Zahl zwischen 800 000 und 1,7 Millionen.
Bosnien-Herzegowina: Die Angaben beziehen sich auf Daten vor Ausbruch des Bürgerkriegs.
Haiti: Offizielle Schätzung aufgrund der Volkszählung von 1982.
Israel: Angaben beinhalten auch die israelischen Staatsbürger in den besetzten Gebieten.
USA: Angaben beinhalten auch das außerhab der USA stationierte militärische Personal.

97	6,2	12,0/4,5	–	3500,–	–1,6	36	42	22	68,0	76
65	9,2	5,0/4,0	228,7	5120,–	0,4	6	31	63	5,5	37
25	1,1	83,6/67,3	6,2	370,–	1,2	48	13	39	856,0	161
34	0,3	91,0/69,0	0,2	620,–	6,9	42	25	33	348,0	162
–	–	23,4/3,5	7,0	–	0,3	11	66	23	8,9	–
87	4,0	20,0/17,0	360,4	5240,–	2,2	10	39	51	11,0	63
72	5,0	38,0/16,0	506,0	2946,–	9,1	27	34	39	168,0	94
100	11,6	–	1570,0	19 770,–	2,6	1	37	62	1,9	11
100	11,7	–	903,1	16 340,–	2,7	1	36	63	2,5	10
62	4,1	53,0/37,0	10,4	3180,–	1,4	25	20	55	37,0	108
39	1,7	52,6/40,9	2,6	925,–	–0,7	35	22	43	118,0	137
85	2,4	60,6/36,1	214,5	1150,–	5,2	32	27	41	165,0	135
77	5,0	50,7/30,2	63,6	3500,–	–1,5	16	43	41	18,0	100
100	9,2	–	6,3	17 480,–	1,8	12	30	58	2,0	14
100	10,2	7,3/2,9	69,7	13 460,–	3,9	3	32	65	4,5	19
100	7,5	4,0/2,0	1222,9	17 040,–	2,4	3	32	65	1,9	22
97	10,8	–	3670,9	19 390,–	4,1	2	43	65	2,0	3
98	8,0	7,0/5,0	12,7	2000,–	8,4	12	46	42	23,0	89
100	5,5	33,0/23,0	23,5	13 126,–	0,7	1	56	43	2,0	51
41	0,4	76,0/59,0	2,8	480,–	2,9	42	13	45	256,0	167
76	4,9	15,0/10,0	329,0	7170,–	1,5	8	28	64	7,9	52
80	7,2	2,1	2,2	2250,–	5,6	30	38	32	58,0	102
100	9,0	4,8/1,2	387,4	6930,–	–12,0	13	48	39	14,0	34
100	6,9	7,0/3,0	574,8	12 670,–	3,2	4	32	64	2,5	23
–	3,9	24,9/22,2	103,6	3885,–	1,1	4	42	54	7,4	93
77	3,9	10,0/4,0	110,3	5270,–	8,2	12	39	49	18,0	54
100	12,4	4,7/4,3	5920,1	22 130,–	2,7	4	27	69	1,3	8
–	5,0	4,0/1,5	14,8	2790,–	–12,9	33	40	27	–	91
24	4,9	16,0/8,0	9,5	1250,–	4,8	35	27	38	–	116
83	5,8	–	–	1869,–	–1,5	47	19	34	29,0	104

EINWOHNER PRO KM²
Quelle: Britannica, Book of the Year 1995, Stand 1994.
Island: Angaben unter ausschließlicher Berücksichtigung der bewohnbaren Fläche.
Israel: Angaben berücksichtigen die israelische Bevölkerung in den besetzen Gebieten.
USA: Angaben beziehen auch das außerhalb der USA stationierte militärische Personal mit ein.

KINDERZAHL PRO FRAU
Definition: Die durchschnittliche Zahl von Kindern, die von einer Frau im Verlauf ihres Lebens lebend geboren worden wären, wenn sie in jeder Altersstufe in Übereinstimmung mit den altersspezifischen Fruchtbarkeitsraten Kinder geboren hätte.
Quelle: Weltbevölkerungsbericht der Uno 1994, Stand 1990 – 1995.

VERDOPPELUNG DER BEVÖLKERUNG
Quelle: Britannica, Book of the Year 1995, Stand 1992.
Die Angaben sind nur für jene Staaten aufschlußreich, deren Bevölkerungszahl sich in absehbarer Zeit verdoppelt. Für Industrienationen, in denen dieser Zeitraum von einem Jahrhundert deutlich überschritten wird, werden keine Angaben gemacht.

ANTEIL DER STÄDTISCH/LÄNDLICHEN BEVÖLKERUNG
Die Definition von „Stadt" ist länderspezifisch unterschiedlich. Zum Teil gelten Bevölkerungs- oder Bebauungsdichte als maßgebliche Kriterien, der Verwaltungsstatus oder die hauptsächliche Erwerbsform.
Quellen: Britannica, Book of the Year 1995 und Weltbevölkerungsbericht der Uno 1994, Stand 1992.

LEBENSERWARTUNG
Definition: Die Anzahl von Jahren, die ein Neugeborenes leben würde, wenn die bei der Geburt bestehenden Sterblichkeitsraten während seines ganzen Lebens die gleichen bleiben würden.
Quelle: Britannica, Book of the Year 1995.
Die Angaben beruhen auf Zahlen aus dem Jahre 1993.
Ausnahmen: Argentinien 1994. **Äthiopien** 1990 – 1995. **Brasilien** 1990 – 1995. **China** 1990. **Deutschland** 1994. **Großbritannien** 1991. **Haiti** 1990 – 1995. **Irak** 1991. **Island** 1991 – 1992. **Israel** 1992. **Italien** 1990. **Japan** 1992. **Kuba** 1990 – 1995. **Kuwait** 1992. **Mali** 1987. **Mexiko** 1990. **Spanien** 1990 – 1995. **Südafrika** 1994. **USA** 1992. **Usbekistan** 1990. **Vietnam** 1994. **Westsamoa** 1992.

SÄUGLINGSSTERBLICHKEIT
Definition: Die jährliche Anzahl von Todesfällen bei Säuglingen unter einem Jahr bei 1000 Lebendgeburten. Genauer: die Wahrscheinlichkeit des Sterbens zwischen der Geburt und dem Alter von exakt einem Jahr mal 1000.
Quellen: Weltbevölkerungsbericht der UNFPA 1994 und der Bericht über die menschliche Entwicklung der UNDP 1994, untersuchter Zeitraum 1990 – 1995.

EINWOHNER PRO ARZT
Quelle: Bericht über die menschliche Entwicklung der UNDP 1994, Stand 1990.

ANTEIL DER BEVÖLKERUNG MIT ZUGANG ZU SAUBEREM WASSER
Definition: Der Prozentsatz der Bevölkerung mit angemessenem Zugang zur Versorgung mit sauberem Wasser, einschließlich behandeltem Oberflächenwasser oder unbehandeltem, aber nicht verschmutztem Wasser, etwa aus Quellen, sauberen Brunnen und geschützten Bohrlöchern. Sauberes Wasser zeichnet sich durch das Fehlen größerer Mengen chemischer oder biologischer Verunreinigungen aus, die unmittelbare Gesundheitsprobleme verursachen.
Quelle: Britannica, Book of the Year 1995, Stand 1994.
Rußland: Angaben stammen noch aus der ehemaligen UdSSR.

DURCHSCHNITTLICHER SCHULBESUCH
Definition: Durchschnittliche Anzahl der Schuljahre, die pro Person über 25 Jahre absolviert wurden.
Quelle: Bericht über die menschliche Entwicklung der UNDP 1994, Stand 1992.

ANTEIL DER ANALPHABETEN
Definition: Die Angaben beziehen sich auf alle Einwohner über 15 Jahre. Der Begriff Analphabetentum ist länderspezifisch unterschiedlich. Als Maßstab können gelten: eine bestimmte Anzahl absolvierter Schuljahre, die Minimalanforderung des Entzifferns von Worten oder das Verständnis einfacher Texte.
Quelle: Britannica, Book of the Year 1995, Stand 1994.

BRUTTOINLANDSPRODUKT (BIP) IN MRD. US-DOLLAR
Definition: Die gesamte für den Endverbrauch bestimmte Produktion von Gütern und Dienstleistungen einer Volkswirtschaft, produziert von Inländern wie von Ausländern, ungeachtet der Zuweisung an inländische und ausländische Forderungen.
Quelle: Fischer, Weltalmanach 1995, Stand 1992.
Mongolei: Zahlen für das Jahr 1991.
Vietnam: Zahlen für das Jahr 1991.

KAUFKRÄFTIGES EINKOMMEN IN PPP–DOLLAR PRO KOPF
Definition: Bei der Verwendung offizieller Wechselkurse zur Umrechnung der Zahlen von nationaler Währung in US-Dollar wird die relative inländische Kaufkraft der Währungen nicht berücksichtigt. Das „Internationale Vergleichsprojekt der Vereinten Nationen" (ICP) hat eine Methode zur Messung des realen BIP anhand einer international vergleichbaren Skala entwickelt, die anstelle der Wechselkurse die Kaufkraftparitäten (PPP) als Umrechnungsfaktor benutzt; der entsprechende Wert wird in PPP–Dollar ausgedrückt.
Quelle: Bericht über die menschliche Entwicklung der UNDP 1994, Stand 1991.

DURCHSCHNITTLICHER REALER ZUWACHS DES BRUTTOINLANDSPRODUKTS IM ZEITRAUM 1980 – 1992
Quelle: Fischer, Weltalmanach 1995
Albanien: 1985 – 1992. **Bhutan:** 1980 – 1991. **Bosnien-Herzegowina:** 1985 – 1989. **Haiti:** 1980 – 1991. **Irak:** 1980 – 1988. **Island:** 1982 – 1992. **Kuba:** 1980 – 1985. **Kuwait:** 1980 – 1990. **Mongolei:** 1980 – 1990. **Rußland:** 1992 – 1993. **Usbekistan:** 1992 – 1993. **Vietnam:** 1986 – 1988. **Westsamoa:** 1980 – 1986.

ANTEILE DER SEKTOREN LANDWIRTSCHAFT/ INDUSTRIE/ DIENSTLEISTUNG AM BRUTTOINLANDSPRODUKT FÜR DAS JAHR 1992
Quelle: Fischer, Weltalmanach 1995
Albanien 1990. **Bosnien-Herzegowina, Quelle:** Britannica, Book of the Year 1995. **Guatemala** 1993. **Haiti** 1989. **Japan** 1991. **Kuba** 1989. **Kuwait** 1990. **Rußland** 1991. **USA** 1992, **Quelle:** Britannica, Book of the Year 1995. **Westsamoa** 1989, **Quelle:** Britannica, Book of the Year 1995.

EINWOHNER PRO FAHRZEUG
Quelle: Britannica, Book of the Year 1995, Stand 1990.
Die Angaben beziehen sich auf Busse, Personen- und Lastkraftwagen.

RANG AUF DER ENTWICKLUNGSLISTE DER UNO
Definition: Seit 1990 veröffentlicht die Uno für alle Mitgliedsstaaten einen „Index für menschliche Entwicklung", der aus vier Komponenten besteht. Die Lebenserwartung spiegelt die Ernährungslage und medizinische Versorgung eines Landes wider. Die Alphabetisierungsrate und die Dauer des Schulbesuchs zeigen den Stand des Bildungswesens. Die Kaufkraft pro Kopf deutet den Wohlstand an.
Quelle: Bericht über die menschliche Entwicklung der UNDP 1994, Stand 1992.
Bosnien-Herzegowina: noch keine Angaben.

Bildnachweis

Fotovermerke nach Seiten. Anordnung im Layout: l. = links, r. = rechts, o. = oben, u. = unten

ALEXANDRA BOULAT: 36 l.o., 37 l.u, 168 r.m.u. und r.u., 216 — 223, 228 — 235

PHILIPPE DIEDERICH: 124 — 127, 224 r.u.

PETER ESSICK: 37 r.u., 224 l.o., 226/227, 238 — 241

MIGUEL LUIS FAIRBANKS: 36 r.m.o.und r.u., 108 — 113, 114 — 121, 144 — 149, 168 l.m.o. und r. m.o., 169 l.m.o. und r.m.u., 174/179, 224 r.o., 225 l.o.

PETER GINTER: Titel l.u., 11, 64 — 71, 136 — 141, 142/143, 152/153, 170/171, 180 — 185, 198/199, 224 r.m.o., 242 — 247, 254

DIEGO GOLDBERG: 112 — 125, 138 — 141

SHAWN G. HENRY: 28 — 35, 131 D, 133 C, 134, 168 r.o., 224 r.m.u.

LYNN JOHNSON: 150 — 159, 168 l.o.

ROBB KENDRICK: 128 — 130, 131 B, 132, 133 B, 169 l.m.u.

LEONG KA TAI: 37 l.o. und r.m.u., 38 — 42, 43 C, 44 — 47, 56 — 63, 88 — 95, 168 l.u., 225 l.u. und r.u.

PETER MENZEL: Titel, Klappenfoto, 6, 12 — 27, 36 l.m.o., r.o. und r.m.o., 37 r.o., 40/41, 43 B und C, 49 — 55, 72 — 87, 104 — 107, 122/123, 152/153, 160 — 167, 168 l.m.u., 169 l.o., r.m.o. und r.u., 172/173, 178/179, 224 l.m.o., l.m.u. und l.u., 225 m.o., m.m. und r.o., 236/237

GUGLIELMO DE'MICHELI: 36 l.m.u., 37 l.m.o., 194 — 197, 200 — 203, 225 l.m.

JOSÉ MANUEL NAVIA: 37 r.m.o., 169 r.o., 204 — 209

LOUIS PSIHOYOS: Titel r.u., 96/97, 102/103, 186/187, 192/193

DAVID REED: 36 l.u., 210 — 215, 225 m.u.

SCOTT THODE: 37 l.m.u., 98 — 103, 169 l.u., 188 — 191, 225 r.m.

TOM VAN SANT: 2/3. Satellitenbild-Montage: Sicht der Erde von Tom Van Sant and the GeoSphere™ project, Santa Monica, Kalifornien. Unter Zusammenarbeit mit NOAA, NASA, Eyes on Earth; Technische Leitung: Lloyd Van Warren;
Quelle: NOAA/TIROS-N Series Satellite, Stand: 15. April 1990.
Alle Rechte bei Tom Van Sant, Inc., 146 Entrada Drive, Santa Monica, CA 90402. © 1990 Tom Van Sant and the GeoSphere™ project.

BIOGRAPHIEN

PETER-MATTHIAS GAEDE
Studium der Sozialwissenschaften, Absolvent des ersten Jahrgangs an der G+J-Journalistenschule in Hamburg. Seit 1983 bei GEO, seit 1994 dessen Chefredakteur.

REINER KLINGHOLZ
Seit 1983 Wissenschaftsjournalist, zunächst bei der ZEIT, seit 1990 bei GEO. Autor des GEO-Buches: „Wahnsinn Wachstum — Wieviel Mensch erträgt die Erde?"

PETER MENZEL
Der amerikanische Fotograf Peter Menzel ist der Initiator und Leiter des Projektes „So lebt der Mensch". Viele Familienportraits in diesem Buch wurden von ihm produziert. Peter Menzel erarbeitet regelmäßig Reportagen für GEO, wobei seine Stärke im Bereich Wissenschaft und Technik liegt. Außerdem erschienen seine Arbeiten unter anderem in international renommierten Zeitschriften wie National Geographic und Life.

ALEXANDRA BOULAT
Die französische Fotojournalistin Alexandra Boulat hat für viele angesehene Zeitschriften gearbeitet und zahlreiche Buchprojekte mitgestaltet. Für die französische Agentur Sipa Press hat sie über illegalen Babyhandel in Rumänien sowie Umweltkatastrophen und Trends in Europa berichtet.

PHILIPPE DIEDERICH
Der amerikanische Fotograf Philippe Diederich lebt seit kurzem in Mexico City und arbeitet von dort aus für die Agentur Contact Press Images. Seine Arbeiten erscheinen regelmäßig in Fortune, Time und anderen renommierten Zeitschriften. Er arbeitet vorwiegend in den USA und Lateinamerika und am liebsten in Kuba.

PETER ESSICK
Der amerikanische Fotojournalist Peter Essick ist hauptsächlich für National Geographic unterwegs. Seine aufwendig produzierten Arbeiten sind auch schon in GEO und der New York Times erschienen. Peter Essicks breites Themenspektrum reicht von Dokumentationen über die Nutzpflanze Reis bis zu Reportagen über die Trobriander in der Südsee.

MIGUEL LUIS FAIRBANKS
Der amerikanische Fotograf Miguel Luis Fairbanks lebt in Kalifornien. Seine viel beachteten Reportagen aus aller Welt haben ihm unter anderem regelmäßig Aufträge von New York Times und National Geographic eingebracht. Für seine Arbeit über brasilianische Jugendliche beim S-Bahn-Surfen in Rio de Janeiro hat er 1990 einen World Press Award erhalten.

PETER GINTER
Der deutsche Fotograf Peter Ginter ist Mitproduzent und Mitinitiator dieses Buchprojektes. Als Absolvent der Sporthochschule beschäftigte der Fotograf sich zunächst gern und herausragend mit der Sportfotografie. Inzwischen hat er sich Themenbereichen wie Architektur, Technik, Verkehr und Medizin zugewandt, die er mit hoher Präzision visualisiert. Peter Ginter ist langjähriger Mitarbeiter von GEO und STERN. 1993 bekam er den ersten Preis für Wissenschaftsfotografie beim World Press Award.

DIEGO GOLDBERG
Der argentinische Fotograf Diego Goldberg hat seine Laufbahn 1971 als Korrespondent für Lateinamerika bei der Fotozeitschrift Camera begonnen. Er lebte in Paris und New York und zog 1985 wieder nach Argentinien. Er gehört der französischen Fotoagentur Sygma an.

SHAWN G. HENRY
Der amerikanische Fotojournalist Shawn G. Henry lebt in Massachusetts und gehört der amerikanischen Fotoagentur Saba Press Photo an. Er arbeitet als freier Fotograf für namhafte amerikanische Zeitschriften.

LYNN JOHNSON
Die amerikanische Fotografin Lynn Johnson ist für ihre einfühlsamen Fotogeschichten über Menschen bekannt, die gegen schwere Krankheiten ankämpfen. In GEO erschienen ihre Reportagen über Aids-Therapien und Verbrennungsopfer. Sie arbeitet für viele international bekannte Zeitschriften. In ihrer Laufbahn errang sie fünf World-Press-Preise, der Robert-F.-Kennedy-Preis wurde ihr für ihre Arbeiten über sozial benachteiligte Menschen verliehen.

ROBB KENDRICK
Der amerikanische Fotograf Robb Kendrick bereiste für seine Reportagen bereits alle Kontinente und darin 39 Länder. Er arbeitet vorwiegend für National Geographic über so aufwendige Themen wie die Restaurierung eines historischen Basislagers in der Antarktis. Seine Fotos und Fotogeschichten wurden in Communication Arts und The Best of Photojournalism geehrt.

LEONG KA TAI
Der chinesische Fotograf Leong Ka Tai lebt in Hongkong und hat herausragende Fotoreportagen vorwiegend über Asien erarbeitet, unter anderem für Zeitschriften wie National Geographic und GEO. Er hat 17 Bücher herausgegeben und erhielt 1989 einen Preis bei der Internationalen Buchkunst-Ausstellung in Leipzig. Leong Ka Tai ist Präsident des Hongkong Institute of Professional Photographers.

GUGLIELMO DE'MICHELI
Der italienische Fotojournalist Guglielmo de'Micheli arbeitet für namhafte amerikanische und europäische Zeitschriften. Ein Bildbericht über Irland brachte ihm den Preis für hervorragende Leistungen der internationalen Zeitschrift Communication Arts.

JOSÉ MANUEL NAVIA
Der spanische Fotojournalist José Manuel Navia lebt in Madrid und ist Mitglied der Agentur Cover. Er arbeitet als freier Fotograf und widmet sich vorwiegend spanischen und lateinamerikanischen Themen.

LOUIS PSIHOYOS
Den amerikanischen Fotografen Louis Psihoyos zeichnet aus, daß er Themen realisiert, die eigentlich nicht sichtbar sind, wie z.B. Schlaf, Riechen, Träumen. In GEO erschien im September 1993 seine Titelgeschichte über Dinosaurier.

DAVID REED
Der englische Fotograf David Reed ist Mitbegründer der Agentur Impact Photo in London. Er hat schon viele Geschichten für englische und amerikanische Zeitschriften fotografiert, an Unicef-Projekten in Kolumbien und El Salvador mitgearbeitet und für die International Union for Conservation of Nature Bücher über Sambia, Simbabwe und Botswana veröffentlicht.

SCOTT THODE
Der amerikanische Fotograf Scott Thode arbeitet am liebsten in seiner Heimatstadt New York. Seine Themen sind HIV-Positive, von denen er einfühlsame Portraits realisiert hat. Er arbeitet u.a. für Life, New York Times und GEO.

DANKSAGUNGEN

Die Fotografen und Autoren des Werkes „So lebt der Mensch" möchten in erster Linie den 30 portraitierten Familien danken. Ohne ihr Vertrauen, ihre Gastfreundschaft und Hilfe hätte das Projekt nicht realisiert werden können.

Die englische Originalausgabe „Material World" wurde finanziell unterstützt von: United Nations Population Fund, dem UN-„Jahr der Familie" (1994), Ellie Menzel und Dorothy Wright.

Ein Projekt dieses Umfangs ist nur durch den enormen Einsatz vieler Mitarbeiter möglich gewesen. Das Team hat für diese Arbeit viel Zeit und Kraft geopfert. Besonders möchten wir danken: Mary Schoenthaler, Elizabeth Partch, Jane E. Lee, Todd Rogers, Carol Martinelli, Laura Hunt und Robert Keller.

Besonderer Dank gilt Jon Beckmann, David Spinner, Susan Ristow und Janet Vail von Sierra Club Books, San Francisco.

Auch viele andere haben geholfen, dieses Projekt zu realisieren. Speziell möchte das Team von „Material World" folgenden Personen, Organisationen und Firmen danken:
Faith D'Aluisio und KTRK Channel 13, Houston, Texas; Robert T. Livernash/World Resources Institute; Carrie Seglin/Microsoft; Richard Harris und Dana Wolfe/Nightline; David Friend/Life; Gigi Vesigna/Noi; Tom van Sant and the GeoSphere™ Project; Tom Kennedy, Kent Koberstein, Al Royce, Larry Nighswander, Bill Allen und all unseren Freunden vom National Geographic Magazine; Christiane Breustedt, Venita Kaleps, Josef Hurban, Ruth Eichhorn, Brigitte Barkley und Wilma Simon/GEO; Jim Colton/Newsweek. Michele Stephenson/Time; Peter Howe/Audubon. Annie und Pierre Boulat/COSMOS; Maxine Resnick/National Geographic Television; Grazia und Michele Neri; Philippe Achache und Sally Neal/Impact; Loup Langton und Bill Kuykendall/University of Missouri; Anna Sever; Sandra Eisert; John Miller; Ray Kinoshita; Dick Teresi und Judith Hooper; Doug Menuez; Frans Lanting; Zenobia Barlow; Fairview Market/Napa, Kalifornien; Kinko's/Napa Valley; Bill Jersey und der Catticus Corporation; Anne Page; Julie Winokur; Bill Gladstone; Dick Lemon/Esq.; Patti Richards; Linda Ferrer; Joe Matejcik; Lindley Boeghold; Matthew Nathons; Lois Lammerhuber; Rick Rickman; Aron Schindler; Bob Stein; Tim Cullen; Beth Broday; Theo Westenberger; Jane Symons; Robert Azzi; Ed Kashi; Sarah Leen; Katherine Wright; Lester Sloan; Kirk McKoy; Tom Walker; Jim Steinke; James Marti; Jamie Kim; John Knoebber; Vin Capone; David Yoon; Dr. Charles Woerz; Alice Rose George; Annie Griffiths Belt; Marilyn Gibbons; Kevin Morrison; Jack und Evan Menzel.

Spezielle Hilfe gewährten folgende Firmen:
John Palmer/Palmer Photographic, Sacramento; Sam Hoffman/The New Lab, San Francisco; John and Karen Leung/C.O.Lab, San Francisco; A&I Color Lab, Los Angeles; Copy Service, San Francisco; Dan Mills/Digital Vision, San Francisco; Adair & Armstrong, San Francisco; Elizabeth Forbes Wallace/Visa Advisors, Washington D.C.; Brent Olson/InnerAsia Expeditions, San Francisco; Rukhsana Dossani/Five Star Travel, San Francisco; Jean-François Leroy/Visa Pour L'Image.

Die Uno hat das Projekt in mancher Beziehung unterstützt. Besonderer Dank geht an:
Hirofumi Ando und Stirling Scruggs/United Nations Population Fund; Søren Dyssegaard, Mary Lynn Hanley und Sissi Marini/United Nations Development Programme; Henryk J. Sokalski und Eugene Rolfe/The International Year of Family/United Nations Office, Wien; Noel Brown/United Nations Environment Programme.

In vielen Ländern fanden wir Unterstützung und Beratung zahlreicher Menschen. Besonders danken möchten wir in:
Albanien: Jean-Nicolas Marchal und Majlinda Kadriu/UNDP; Artan Kadriu; Prof. Andrea Camperio Ciani. **Argentinien:** Juan Garff; Manfredo Uelewald; Herrn Christiansen; Andreas Wolfers. **Äthiopien:** Peter Simkin; Dr. P. Makolo und Ruth E. Abraham/UNDP; Worku Saharu; Hapte Selassie. **Bhutan:** Terrence Jones und Jeff Avena/UNDP, Ugyen Rigdsin; Karma Jigme; Karma Lotey; Praitap Rai/Yangphel Tours and Travels; Sangay Phuba. **Bosnien-Herzegowina:** Captain Dominique Deslandres. **Brasilien:** Marçal und Marilia Aquino; Bia Bansen. **China:** Shao Zi Bo; Wang Zhong Qui; Wu Jia Lin; Wang Miao; Du Zhi Yuan; **Deutschland:** Dieter Klein. **Großbritannien:** London Fire Brigade; Surrey Constabulary; The Royal Surrey County Hospital; Upstagers Theatre Group; St. John the Baptist Church, Busbridge, Godalming; Alain Le Garsmeur; Philippe Achache. **Guatemala:** Bruno Guandalini/UNDP; Santos Perez; Iván Choto. **Haiti:** Jean Marie Adrian; Maggie Steber; **Island:** Jón Óskar Sólnes; Bergdis Ellertsdóttir; Linda Magnusdóttir; Rögnvaldur Guomundsson; Finnbogi Kristinsson; Ólafur Sigurdsson; Björn B. Karlsson; Sigurdur Stefán Jónsson. **Indien:** Deepak Puri/Time; Rati Shankar Tripathi; Bärbel Ginter; Dr. Gautau. **Irak:** Kamal M. Taha; Hosam M. Taher; Riadh Al Adhami; Herrn Alasaoui. **Israel:** Lisa Perlman; Frau Efrat. **Italien:** Laura Cruciani; Bernhard Pfitzner; Fee Swantje Schmidt; Alex Maiorli. **Japan:** Toyoo Ohta und Sanae-Lina Wang/Uniphoto Press International. **Kuba:** Joachim von Braunmühl und Alberto D. Perez/UNDP. **Kuwait:** Khaled Philby/UNDP; Raaja und Waleed M. Al-Alwadhi; Ahmad M. Quraishi; Hala A. Al-Ghanim; **Mali:** Kya Kaysire Gitera und Paul André de la Porte/UNDP; Biatrice und Hevre of Togu-Na; Albert Gano und Chief Koukaino of Kouakourou. **Mexiko:** José Hernández-Claire; John Echave. **Mongolei:** Shun-Ichi Murata und Mashbilig Madrig/UNFPA; Johannes Swietering/UNDP, Bayarbataar. **Rußland:** Alexander Awanesow und Herrn Isakow/Permanent Mission of the Russian Federation to the UN; Chuau Amunategi/UN; Valentin Romanow/UNHCR; Ludmilla Mekertytschewa; Swetlana Tscherwonnaya; Oksana Kapitula; Kathy Ryan; Glen Mack. **Südafrika:** Jama Tshomela; Sapiwo Ralo; Sydney Mafilika. **Spanien:** Anna Sever; José de Antonio. **Thailand:** Prof. Prachaval Sukumalanand; Taweep Putthanu; Pen Suwannarat; Riverview Lodge. **USA:** Faith D'Aluisio/Channel 13, Houston, Texas; Richard Harris/Nightline; Gabriele Reinke-Ginter. **Usbekistan:** Khalid Malik/UNDP. **Vietnam:** Tran Tien Duc; Dinh Van Quang; Trinh Anh Tuan; Nguyen Duc Vien, Nguyen Thi Thang; Do Quang Quyen; Nguyen Vinh Cat; Linda Demers/UNFPA. **Westsamoa:** Sarwar Sultana; Fagamalama Tuatagaloa und Sealiitu Simi Sesega/UNDP, Paugata, Tuatagaloa und Saina/Poutasi.

IN DEN FAMILIENFOTOS NICHT GEZEIGTER BESITZ

ALBANIEN: Doppelbett, Einbauschrank, Holzofen, Hühner (6), Hund, kleine Teppiche (6), Weinfaß

ARGENTINIEN: Filmentwicklungsgerät, Filmkameras (2), Videokamera, Scheinwerfer mit Stativen (3), Fahrräder (3)

ÄTHIOPIEN: Offener Kamin, Getreidebehälter aus Ton (4), Radio, Schaufel, Pflug, Esel (2), Gummistiefel (2 Paar)

BHUTAN: Hausaltar, Ofen, kaputtes Transistorradio, Brennholz, Reismühle, Joch, Katzen (4), Hunde (2), Hühner (Anzahl nicht bekannt), Kleidung, Kerzen

BOSNIEN-HERZEGOWINA: Regale mit Kleidung und Büchern (3), kaputter Schrank, Sofas (2), Backofen, Teppiche

BRASILIEN: Schrank mit Kleidung, Schuhen und Decken, Hängeschränke (3), Truhe, Waschmaschine, Küchenmaschine, Töpfe und Pfannen, Küchenutensilien, Geschirr, leere Bier- und Limonadeflaschen (95), Hunde (2), Puppen, Luftgewehr

CHINA: Schweine (3), Fischteiche (3), Mandarinenbäume (100)

DEUTSCHLAND: Einbauküche, Bücherregal, Waschmaschine, Putzgeräte, Konserven

GROSSBRITANNIEN: Einbauschränke, Regale, Schreibtisch, Schränke (4), Stereoboxen, Katzen (2), Kaninchen (1)

GUATEMALA: Regal, Lichterkette, Devotionalien, Hacken (2), Töpfe (6), Wasserkrüge (2), Korb mit Utensilien für Webarbeit, Sack mit Kleidung, Seil, Sitzkissen

HAITI: Ziege, Bulle, Hühner (5), Sattel, Küchengerät, Kleidung

INDIEN: Der gesamte materielle Besitz ist abgebildet

IRAK: Wohnzimmerschrank, Bett, Schrank, Gefriertruhe, Teppich

ISLAND: Bücherwand mit Hunderten von Büchern, Bücherregale (2), Einbauschränke mit Kleidung (2), Küchenschränke mit Geschirr und Küchengeräten (2), Bett, Flügel, antiker Porzellanständer, Vogelkäfige (2) mit Kanarienvögeln (6), Nähmaschine, Narwal-Stoßzahn, antike Pistolen, Flinte, Teppich

ISRAEL: Der gesamte materielle Besitz ist abgebildet

ITALIEN: Kamin, Schrankwand, Nachschlagewerke (200 - 300), Bilder

JAPAN: Herd, Gäste-Futon, Kleidung, Münzsammlung, Gartengeräte, Werkzeuge

KUBA: Doppelbett, Kühlschrank, Waschmaschine, Kochplatten (2), Schweine (2), Hühner (6), Bilder (2), Kleidung, Werkzeuge

KUWAIT: Schrankwand, Kommoden (3), Einbauschrank, antiker Sekretär, Einbauküche, Fernsehgerät (1), Videorecorder, Staubsauger, Pflanzen, Lampen, Videokassetten, Bilder, Kamin, Kaminzubehör, Hunde (3 — Henry, Antar, Shaloub), Hühner (10)

MALI: Bettgestell, Mangobäume (3), Service aus Metall, Moskitonetz, Säcke mit Reis (ca. 360 Pfund), Mörser und Stößel, Kleidung, leere Radiobatterien (werden von den Kindern zum Spielen benutzt), Brennholz

MEXIKO: Kleidung, Bettzeug.

MONGOLEI: Schlachtmesser, Kleidung

RUSSLAND: Sitzbank, Herd, Brennholz, kaputte Werkzeuge, Elektrogeräte und Leiter, Sauna, Kleidung

SPANIEN: Hausbar, Kühlschrank, Töpfe und Pfannen, Kleidung, Nippes, Geräte und Utensilien zum Präparieren von Tieren, Weinfaß, Weinflaschen (20), zweiter Hund

SÜDAFRIKA: Kaputtes Fernsehgerät (schwarzweiß), alte Decken, Matratzen, Matten

THAILAND: Stall, Lagerhaus mit Reis (ca. 540 Pfund), Hühner (9), Schulbücher, Murmeln

USA: Kühlschrank, Videokamera, Werkzeug, Werkbank, Kompressor, Batterieladegerät, Computer, Schmetterlingssammlung aus Glas, Trampolin, Picknicktisch, Schaukel, Turngerüst, Angelgeräte, Schrotflinten, Jagdgewehre, Kleidung

USBEKISTAN: Ofen, kaputter Ofen, Hocker (8), Kühe (2), zerbrochener Spiegel, Arnold-Schwarzenegger-Poster

VIETNAM: Reis (ca. 2000 Pfund), Bananenbäume (50), Carambolabäume (2), Schweine (2), Ferkel (2), Hühner (20), Enten (11)

WESTSAMOA: Hühner (15), Schweine (4), Katzen (5), Schwimmbrille, Kleidung, Bücher, Bibeln, Gesangbücher

VARANASI, INDIEN
FOTO: PETER GINTER

NACHWORT

Peter Menzel

Es war nicht der Anblick der brennenden Ölquellen in Kuwait, der mir den entscheidenden Anstoß für das Buch gegeben hat. Und es war auch nicht meine Arbeit als Fotograf im vom Bürgerkrieg zerrissenen Somalia. Auslöser war ein Bericht über die Vermarktung des Bildbandes mit Madonnas illustrierten Sexphantasien. Damals schwamm die Popsängerin mit diesem Buch und ihrem Lied „I'm a material girl" nach einem geschickt angeheizten Medienrummel wochenlang auf einer Woge aus Publicity, Spießerprotest auf der einen und überbordender Kauflust auf der anderen Seite. Das Buch und die Schock-Diva schienen die Öffentlichkeit weit mehr zu interessieren als die brennenden Probleme unserer Gegenwart. Ich hielt es für an der Zeit, die Welt einer Inventur zu unterziehen.

In Presse, Funk und Fernsehen werden wir gemeinhin mit Hungersnöten, Naturkatastrophen, Massenmorden konfrontiert — und natürlich mit dem Leben und Streben der Reichen und Erfolgreichen. Auch ich habe in über 20 Jahren als Fotojournalist solche Extreme in 52 verschiedenen Ländern im Bild festgehalten. Doch wenn wir lediglich das Beste oder das Schlimmste zeigen, präsentieren wir damit immer nur einen Ausschnitt des ganzen Panoramas. Ich aber wollte augenfällig machen, daß es daneben noch etwas anderes gibt. Ich wollte den westlichen Wohlstandstouristen in die Wohnungen der Menschen führen, die ihm an jedem Urlaubsmorgen den Kaffee bringen, ihm die Schuhe putzen und das Bett machen. Ich wollte einen Fabrikanten in die bescheidenen Hütten der Menschen mitnehmen, die seine Produkte kaufen oder sie in einem Billiglohnland für ihn herstellen. Ich wollte Generalstäblern und Sandkastenstrategen zeigen, wie die wahren und die potentiellen Opfer ihrer „intelligenten" Waffen aussehen. Und ich wollte meinen Kindern Gelegenheit geben, ihre zukünftigen Nachbarn im „globalen Dorf" kennenzulernen.

Wir alle könnten vermutlich unseren eigenen Alltag recht genau beschreiben, doch selbst in einer enger zusammengerückten Welt wissen wir sehr wenig vom Leben und vom Alltag der Menschen in anderen Ländern und Kulturen. Was, dachte ich, könnte diesen Alltag besser illustrieren, das Verständnis für den anderen besser fördern, als rund um den Globus ganz normale Menschen zu besuchen und sie mit ihrem materiellen Besitz vor ihrer Behausung zu fotografieren? Dann wäre es an den Lesern zu entdecken, zu vergleichen — und zu verstehen.

Ich rief meinen Freund und Kollegen Peter Ginter in Deutschland an, erzählte ihm von dem Plan und schlug ihm vor, wir sollten die Fotos im Laufe eines Jahres machen. Peter war sogleich Feuer und Flamme, allerdings auch skeptisch. Es war vor allem die knappe Zeit, die ihn zögern ließ. Und er warnte mich davor, ausgerechnet in Japan zu starten, weil die Japaner sehr zurückhaltend und öffentlichkeitsscheu seien; vom Winterwetter, das damals herrschte, ganz abgesehen.

Ich fuhr trotzdem im Dezember nach Tokyo, um zu versuchen, eine japanische Familie dazu zu bringen, sich und ihre Habe vor den Augen der Welt zu präsentieren. Wenn es mir in Japan gelänge, eine Familie zur Mitarbeit zu überreden, würde es mir überall gelingen. Rückblickend kann ich sagen, daß es von den zwölf Portraits, für die ich am Ende verantwortlich gezeichnet habe, tatsächlich das bei weitem schwierigste war; und sei es auch nur, weil sich der materielle Besitz der Familie in der drangvollen Enge Tokyos kaum angemessen präsentieren ließ. Doch ich ließ nicht locker und hatte das Familienfoto schließlich im Kasten.

Im Januar konnte ich den Herausgeber eines italienischen Magazins von meiner Idee überzeugen, obwohl ich außer den Tokyo-Fotos noch kaum etwas vorzuweisen hatte. Von Italien aus ging's gleich nach Südafrika und Mali, wo ich die nächsten Familien fotografierte. Von dort aus verabredete ich mich mit Peter Ginter in Kalifornien zu einem ersten Planungstreffen. Dort wählten wir aus der Liste der UN-Mitglieder die Länder aus, die in unserem Buch vertreten sein sollten. Und wir konnten ein internationales Team renommierter Fotografinnen und Fotografen für die Mitarbeit gewinnen. Kurz darauf nahm Peter in Tel Aviv das israelische Familienportrait auf. Der Anfang war gemacht. Ab dann reisten wir in der Welt herum, fotografierten insgesamt 30 Familien in 30 verschiedenen Ländern und definierten das Projekt während dieser Zeit immer wieder neu. Unsere Bestandsaufnahme haben wir schließlich auf insgesamt 2000 Filme gebannt; parallel dazu ist für 112 Sendestunden Videofilm entstanden. Nur ein Land, das auf unserer Liste stand, Ägypten, hat uns die Arbeitserlaubnis verweigert.

Von Skeptikern ließen wir uns nicht entmutigen, denn es gab viele Befürworter, die an uns glaubten: Life, GEO und das italienische Noi, sie alle erwarben Vorabdrucksrechte. Der Bevölkerungsfonds und das Entwicklungsprogramm der Vereinten Nationen sowie das UN-Sekretariat für das Internationale Jahr der Familie waren von unserem Projekt überzeugt und unterstützten uns nach besten Kräften. Noch während der Arbeit hinterfragten und veränderten wir unsere Vorgehensweise ständig und lernten auch bald, mit zum Teil erheblichen Schulden zu leben und dabei noch Schlaf zu finden. „So lebt der Mensch" ist schließlich das Buch geworden, das ich mir vorgestellt hatte. Ein Buch, das uns allen hilft, unsere Mitmenschen über religiöse, kulturelle und andere Grenzen hinweg besser zu verstehen.

PETER MENZEL
NAPA, KALIFORNIEN

Ein Teil des Gewinns der englischen Originalausgabe „Material World" fließt in einen Stipendienfonds, den die Fotografen für die Kinder der von ihnen fotografierten Familien eingerichtet haben.